国家出版融合重点实验室、人教数字教育研究院规划课题成果
课题名称 学习者视角：技术赋能初中语文项目学习课例研究
课题批准号 RJA0222005

激活

语文学习力

吴钟铭◎主编

顾问委员会

（以姓氏笔画为序）

王意如 华东师范大学语文教育研究中心常务副主任，教育部《义务教育语文课程标准（2022年版）》修订组专家，中小学（中职）语文国家教材建设重点研究基地学术委员

王伟娟 教育部“万人计划”教学名师，上海市特级教师，正高级教师

王彤彦 北京市特级教师，北京教育科学研究院基础教育教学研究中心中学语文教研室主任

毕于阳 北京市特级教师，中国鲁迅研究会基础教育分会副会长

詹　丹 上海师范大学博士生导师、教授，中国红楼梦学会副会长

蔡　伟 浙江师范大学原博士生导师、教授

编 委 会

主　编

吴钟铭

编　委

王春霞　蒋白鹭　刘冰洁　姜小娜　胡芸蕾

张　芳　张　丽　邹　睿　魏　玮　王　玲

序

妙处无心物自春

最近翻书，看到有这么一段话："学问精深的专家对'常识'的定义和普通人往往大不相同，容易把自己研究领域中相当专门的知识当作常识，要求孩子必须掌握。'怎么可以这都不懂？'于是专家的'常识'一粒灰，压到普通孩子头上就是一座山。"[1]读了之后，心有戚戚焉。现在的学生，从阅读的角度来说，有三座大山压在他们头上。第一座大山就是那些收录在教材里的课文。这些课文大多够得上"经典名篇"的桂冠，但可惜的是，一旦拥有这顶桂冠，往往也就有些可望而不可即了。第二座大山是教材指定的"整本书"。和经典名篇相比，这座山可能更为沉重。但是对这座山有躲避的可能。学生会用各种方法逃过从头到尾地、认真仔细地读这些书。第三座大山就是专家的解读。专家们可能会使出浑身解数来帮助学生理解经典，但有时实际效果却是在上述两座大山上堆土垒石，让人感觉越发沉重。

为什么会出现这种情况？是教材编写出了问题，还是专家

---

[1] 罗振宇. 阅读的方法 [M]. 北京：新星出版社，2022：194.

解读出了问题？应该都不是。问题的关键在“经典”和“时间”这一对范畴的关系上。阿德勒讲过，名著不是一年两年的畅销书，而是经久不衰的著作；毛姆说过，经典“就是那些经过时间考验而已被公认为一流的著作”。用最简单的话来说，就是无时间，不经典。在时间流逝中，很多红极一时的文字悄然无声地退隐了，而有些原本默默无闻的文字却开始崭露头角。时间就是一个巨大的筛子，它删除冗余信息，留下宝贵财富。这就是经典之所以为经典的原因。但同时，时间也拉开了我们与经典的距离。时间让整个社会秩序都发生了巨大的变化，过去被认为理所当然的事，现在可能变得让人无法理解，所以会闹出“朱自清的父亲违反交通规则”这样的笑话。

还有语言。语言是时间长河中翻腾得最起劲的浪花之一。倒未必是词汇的变化或语法的不同，即使这些都不变，我们也能感觉到言说“腔调”的不同。香菱作的诗“意思有了”，林黛玉还嫌“措辞不雅”，说的就是诗歌语言的“腔调”。这种言说“腔调”的变化，是在不知不觉中推进的，而作家则往往得风气之先。他们会在作品中对日常语言进行变形、强化甚至扭曲，也就是说“对普通语言实施有系统的破坏”[1]。这种破坏一方面让语言变得生机勃勃，另一方面，

[1] 雅各布森．现代俄国诗歌·提纲 1[A]. 俄苏形式主义文论选 [C]. 北京：中国社会科学出版社，1989：2.

也给语言打上了鲜明的时代标签。也就是说，不仅一代有一代之文学，同时一代有一代之语言。陌生的背景加陌生的语言，读者与经典在一定程度上产生隔阂是自然的事。所以，经典的阅读绝对是一件不轻松的事。难怪有人说“大多数原典，对我们普通人并不友好”[1]。

然而，有两个原因，导致我们必须去拥抱那些“并不友好”的经典。第一，每个国家都有自己的语言，由语言构筑的经典，是民族文化的重要组成部分，作为后人，我们必须汲取这些经典对我们的精神滋养，同时也责无旁贷地要将经典传承下去。第二，我们是语文老师，我们的责任就是帮助学生克服上述的种种困难，翻山越岭去走近经典，触摸它的脉动，感受它的精妙，传承它的智慧，并在这个过程中让学生学会学习，激活语文学习力。这项工作该怎么做，非常值得探讨。放在我面前的这本书就做了一次有益的探索。

这套书有一个醒目的关键词，叫作“悦读”。什么是“悦读”？“悦读”就是无压力地阅读，不感到有负担地阅读。为了追求这个目标，本套书的编者做了这么几件事情：首先是和一般的教辅“划清界线”。不跟着课文亦步亦趋，而是将初中三个年级的教材内容进行整合，提取出五大主题，根

[1] 罗振宇．阅读的方法 [M]. 北京：新星出版社，2022：199.

据主题重新组合。这个动作完成了对教科书的解构，让这些经典名篇以一种新的面貌出现在学生面前，让他们可以跃出自己所在的年级，有更多的阅读选择，可以在更广阔的名篇海洋中遨游。这好比让你吃规定的一道菜和提供一桌子菜让你选择，哪个让你更开心？结果应该是不言而喻的。其次是放弃了最有可能成为图书卖点的阅读理解题。语文学习中最让学生挠头的大概就是阅读理解——准确地说，是做阅读理解题。那些题目的答案好像永远捉摸不定。于是，附有标准答案的题目往往就会热卖。但这种做法未必对激发学生的学习兴趣有好处。这套书规避了题海，自然会让学生感觉大松一口气，从而营造出一种愉悦的阅读氛围。

我觉得这里的“悦读”，兼有形式和内容两方面的意义。形式上的意义前面已经说了，“悦读”就是让学生获得更多的自由，也包括可看可听（每个篇目都有二维码，可以扫码收听相关内容）。第二点，也是更重要的，是“悦读”对建构学生阅读经验的意义。《义务教育语文课程标准（2022年版）》在谈审美创造时提到，要让学生“通过感受、理解、欣赏、评价语言文字及作品，获得较为丰富的审美经验”。这是审美创造的基本路径，也是阅读的基本路径。感受就是接触和浸润，从中获得感性认识；理解是对内容和形式的认识；欣赏则更进一步，在理解的基础上，能分辨什么是值得赞美的；最高的层次——评价，即通常说的鉴赏的“鉴”，就是在之前感受、理解和欣赏的基础上给出自己的判断。在阅读教学中，理解和欣赏是最受关注的，而感受和评价则比较容易被忽略。而“悦读”名篇就是加大感受的力度（不是没有理解和欣赏），同时用不设思考题和标准答案的形式留给学生开放的评价空间，不让阅读成为一种负担。生活中，若非必要，没有人愿意去做负担很重的事，如果让阅读成了负担，成了学生不愿去做的事，那对我们的教育来讲无疑是一种失败。古人有敬惜字纸的传统。即便目不识丁的渔人，也“凡见字纸，必加爱惜，不敢作践”。其中，不仅有对字纸的虔敬，也包括对字纸的兴趣。这固然和当时造纸技术不发达、能认字写字的人少有关。现代社会纸张不缺，识字写字的人也遍地都是，但是对文字符号所表现的东西有珍惜之心和浓厚兴趣，仍是特别需要的。而要保有兴趣，让阅读成为一件令人愉悦的事情是绝对必要的。李家同先生说：“念书应该是一件轻松而有趣的事，如果念书是一件严肃的事，大家永远不可能有终身念书的习惯。”而“终身念书的习惯”对一个人的人格养成具有极为重要的意义。因为“我在阅读时，不仅是在花时间看书，也是在投入时间培养一个更博学的自己”[1]，一个精神世界更充盈的自己。“悦读”在这一层面上的意义，也即指向兴趣，指向精神世界，是比形式上的轻松更为重要，也更有意义的。

最后要说的是，“悦读”并非随随便便地读，编写者对这套书的完整性、独立性和连通性都有周密的思考，解读也是细致到位的。同时，“悦读”也未必对提高语文学习成绩无用。这套书试图搬走的是学生阅读的第一座大山——读不懂课本中的经典名篇——的压力，由此及彼，亦可对解决第二座大山的问题产生有益的影响。至于第三座大山，我觉得这套书里是不存在的。这里没有高深莫测的学术的“一粒灰”，编写者都是久站初中讲坛的，娓娓道来的解读就写在文本边上，就像知心姐姐（哥哥）在和你促膝共读。没了压力，有了兴趣，谁说对阅读理解就没有好处呢？妙处无心物自春。让我们轻轻松松地尽情享受阅读的愉悦和美好吧。

是为序。

2023年初夏

[1] 汤姆·摩尔.唯有书籍——读书、藏书及与书有关的一切[M].李倩，译.上海：上海文化出版社，2023：82.

编者寄语

细读，切问，慢品
——关于本书的一份“说明”

读文章，怎么读？众说纷纭，各有千秋。本书提供了一些阅读文章的方法，但这不是本书的主要目的。本书的主旨是：帮助学生“悦读”经典文章，给学生提供愉悦的阅读体验，提升学生的阅读能力。

本书不是“教学参考书”。尽管它也有部分辅助阅读学习的作用，但很显然，我们努力地与市面上那些刻板解读课文和出阅读理解题目的教辅书保持距离。所以，如果要想“医治”阅读“解题困难症”，本书没有立竿见影的效果。本书更注重的，是对学生阅读能力提升和阅读思维培养的帮助。本书希望通过对课文名篇旁批细读的方式，为学生提供一种阅读能力提升的“登山杖”，为学生强化阅读能力，翻越阅读理解这座大山提供支持。

那么，这本书有什么可期待之处呢？学生又该怎样使用这本书呢？

第一，排编独特，方便对照。本书采用“原文＋旁批细读”的编排方式，为学生提供方便的阅读“工具”。学生可在原文和解读文字之间来回穿梭阅读，读懂课文文字呈现的独特风景，理解其背后蕴含的深意，也能关注到阅读时容易忽略的细节。

第二，教师微课，立体拓展。这本书在细读上还很用心地采用了二维码音频微课的模式，使阅读更加“立体”。这是由我们编写老师用心编写的音频微课稿，侧重作品的背景介绍和阅读方法提示，真人真声为学生提供阅读“甜点”。学生在使用音频微课时，可以探索适合自己的方式：既可以在细读文字后，听老师讲一些拓展知识，总结阅读方法；也可以在阅读某一篇作品前，先听一下音频微课，对作品的“前世今生”有总体的了解，这样阅读的时候可以更深入地理解作品。

第三，老师的话，指引思路。书中的每篇作品包括不同的内容模块，除了前面说过的旁批细读模块、音频微课模块以外，在篇章页还设计了“老师的话”，以此开篇，为学生提供阅读思路的指引。这三种不同的内容模块组合起来，实际上就相当于这篇文章的一门微型课程。读作品前先去读读“老师的话”了解课文大概，再与课文原文“对照”细读文章，最后听听音频总结阅读方法，那么，就相当于上了关于这篇作品的一门微课，这份收益会让你有一份特别的惊喜。

第四，开拓思维，提升能力。使用本书，学生可以边读边给自己提几个问题。善于提问，是阅读能力提升的很重要的标志。虽然书中并没有就内容提出任何问题，但并不妨碍学生自己阅读的时候“脑洞大开”。在阅读时，可以想一想：这样的解读，你同意吗？或者，你有什么新的想法？可以用笔批注在原文旁边，和本书的解读者一起完成对课文原文的解读，并借此主动锻炼自己的阅读思维。如果你真的这样做了，你会收获另一份惊喜。

第五，慢读细品，增强感受力。阅读本书，你需要静下心来，慢慢品味。不仅是因为原文都是入选教材的经典名篇，本身具备丰富的阅读价值，值得慢品；还在于，本书的解读文字既有语言美，又有意境美。在当下，学生要具备慢读中的感受力，让自己能够全身心沉浸在作品营造的情境氛围中，而不是匆匆忙忙地一瞥而过，记住答案即可。这样，你会发觉，慢读带给你的不仅是知识的收获，感受力的增强，也有看世界角度的改变。

慢慢读，细细品，切问近思。让我们在文学风景品味鉴赏中，提升阅读力，激活语文学习力。

本书编者
2023 年初夏

目录

从百草园到三味书屋

童真童趣，妙趣横生

作者◎鲁迅
解读者◎邹睿

从标题可知，本文是从空间变化角度展开叙述的。但是作者为什么要突出儿时生活环境的变化呢？这需要我们在文本细读的过程中重点关注百草园和三味书屋的细节描写，从中圈画、提炼出两个生活环境的不同，从而思考文中隐藏着作者怎样的情感。此外，本文是一篇回忆性散文，阅读时我们要分清交织在行文中的过去的“我”和现在的“我”，重点圈画出有关“我”内心独白的语言描写，体会作者想借助儿时言行传递出来的思想内涵。

从百草园到三味书屋

童真童趣，妙趣横生

我家的后面有一个很大的园，相传叫作百草园。

“相传”意思是长期以来相互传说，带有神秘色彩。“百草园”的“百”为虚数，形容草的数量和种类很多。“百草园”顾名思义就是生长着各种各样杂草的园子。

现在是早已并屋子一起卖给朱文公的子孙了，连那最末次的相见也已经隔了七八年，其中似乎确凿只有一些野草；但那时却是我的乐园。

民国时期，鲁迅带着全家移居北平，就把绍兴的祖宅卖了，买主是朱阆仙。朱文公即朱熹，鲁迅戏称朱阆仙为“朱文公的子孙”。“似乎”“确凿”两个词语看似矛盾，实则符合情理：前文“连”“已经”强调未见百草园的时间之久，那么在“我”的记忆中百草园的样子也理应是模糊的了；“确凿”肯定的是百草园里的的确确除了野草外，什么都没有。“确凿”和后句中的“却是我的乐园”相呼应。“乐园”是一片对“我”来说如此重要的地方，“我”怎么会遗忘、模糊呢？“那时”是指鲁迅的童年时代，在“那时”，百草园虽是荒园，却成为幼年鲁迅流连忘返的乐园。

不必说碧绿的菜畦，光滑的石井栏，高大的皂荚树，紫红的桑椹；

用“不必说”引导一组短句，从“看”的角度来写，通过视觉——碧绿、紫红、高大，触觉——光滑，生动逼真地描画出百草园“静”的美好景色。

也不必说鸣蝉在树叶里长吟，肥胖的黄蜂伏在菜花上，轻捷的叫天子（云雀）忽然从草间直窜向云霄里去了。

“也不必说”引出另外一组短句，从“动”的角度来写。鸣蝉的吟唱是从听觉角度描写。说黄蜂肥胖，不仅因为黄蜂较其他同类昆虫的体态更肥大，更体现出了儿童的特别感受。“伏”字让读者眼前仿佛真的出现了一只肥胖臃肿的可爱黄蜂。“直窜”不仅写出了叫天子的“轻捷”，也写出了儿童对其能直窜云霄的羡慕。这一组“动”的短句与前文那组“静”的短句互相补充、结合，构成了一幅色彩鲜明、生机盎然的图画。

单是周围的短短的泥墙根一带，就有无限趣味。

“单是”“短短的”反衬、强调了乐趣的“无限”。“不必说……也不必说……单是……”这一句式将童年鲁迅眼中百草园的无限趣味全都包容其中了。油蛉、蟋蟀、蜈蚣、斑蝥，还有何首乌，等等，这些看似毫无趣味的小东西，在作者的眼里却充满了勃勃生机，更不用说那些有无限情趣的东西了。

在那时的“我”看来，万事万物都覆盖着一层神秘的童话色彩，“油蛉”能发出好听的鸣叫，这鸣叫便是它的歌唱。蟋蟀的叫声是多样化的，叫声与它的外形有一定关系。百草园中的蟋蟀们一同鸣叫，这场面好似一场盛大的音乐会。

油蛉在这里低唱，蟋蟀们在这里弹琴。

“翻开”生动还原了小时候“我”在百草园里翻找昆虫时的动作。“断砖”必然是废弃了的，但在“我”看来，它们也是这座乐园中必不可少的组成部分。“有时会遇见”意思是蜈蚣、斑蝥出现时是伴有惊喜之感的，每翻一次，“我”的心情就跟着起伏一次。“拍”是从听觉的角度描写的，“后窍”喷出的烟雾则为嗅觉描写。

翻开断砖来，有时会遇见蜈蚣；还有斑蝥，倘若用手指按住它的脊梁，便会拍的一声，从后窍喷出一阵烟雾。

李翱的《李文公集》记载了一个关于何首乌的故事：古代一个叫何田儿的人发现了两株何首乌，服用后神清气爽，身体强壮有力，稀疏花白的头发也变得乌黑光亮，面色红润犹如少年。他娶妻成家后，所有人服用这种植物来养生就成了何田儿家的传统。之后，何田儿的一个叫首乌的孙子把这个秘方流传了出去，这种植物就以他的名字命名了。“便”字表示因果关系，何

何首乌藤和木莲藤缠络着，木莲有莲房一般的果实，何首乌有拥肿的根。有人说，何首乌根是有像人形的，吃了便可以成仙，我于是常常拔它起来，牵连不断地拔

起来，也曾因此弄坏了泥墙，却从来没有见过有一块根像人样。

首乌的传说激发了“我”的猎奇心理，侧面表现出百草园对“我”来说，既充满神秘感，又富有吸引力。“常常”“牵连不断”渲染了“我”希望找到人形何首乌根的迫切心情。

如果不怕刺，还可以摘到覆盆子，像小珊瑚珠攒成的小球，又酸又甜，色味都比桑椹要好得远。

“又酸又甜”写的是味觉，具体地描述了覆盆子的滋味。结合上文，这一段实际上包括了春、夏、秋三个季节的景物，桑葚、菜花是末春季节的，蝉鸣在盛夏，蟋蟀到秋天才叫，这与下文写到的冬天的百草园相结合，正好成为完整的百草园四季图，可见作者构思的精巧。

长的草里是不去的，因为相传这园里有一条很大的赤练蛇。

长妈妈是鲁迅儿时的保姆，她用一个美女蛇故事吓唬小孩，好让他不要到长的草里去玩。但幼年的鲁迅不仅热爱百草园里的草木虫鸟，而且对有关百草园的传说也很感兴趣。

长妈妈曾经讲给我一个故事听：先前，有一个读书人住在古庙里用功，晚间，在院子里纳凉的时候，突然听到有人在叫他。答

此处穿插了美女蛇的故事，这可能是那个年代中国老百姓口口相传的故事，充满怀旧的味道。我们现在觉得这个故事荒谬，鲁迅在写的时候，也必然觉得十分滑稽，但这却是劳动人民的“智慧”。长妈

妈给童年的鲁迅讲的故事，他还一直记得，也表明他对此的记忆深刻。长妈妈讲述故事的时候，都不忘用“读书人”作主角，可以看出人们那时候对于“科举”的重视，以及对“读书人”的尊重。这个故事不仅衬托出百草园的神秘，也与本文的行文思路相吻合，从现实过渡到传说，从人间转换到鬼怪，从眼前写到久远，绘声绘色，活灵活现。

应着，四面看时，却见一个美女的脸露在墙头上，向他一笑，隐去了。他很高兴；但竟给那走来夜谈的老和尚识破了机关。说他脸上有些妖气，一定遇见“美女蛇”了；这是人首蛇身的怪物，能唤人名，倘一答应，夜间便要来吃这人的肉的。

他自然吓得要死，而那老和尚却道无妨，给他一个小盒子，说只要放在枕边，便可高枕而卧。他虽然照样办，却总是睡不着，——当然睡不着的。

这一句充满成年人口吻的话穿插在作者对童年时代的叙事中，语言转换却很自然，从中我们不难读出作者调侃和幽默的语气。“自然吓得要死”这样直白的语言，必定是在模仿、还原阿长的讲故事口吻，与此同时，这句话和“老和尚却道无妨”形成强烈的反差，具有戏剧性并引人好奇；“当然睡不着的”这句为成年鲁迅的口吻，作者将其写在这段具有戏剧色彩的叙事后，增添了他对儿时的纯真和这个故事的调侃意味。

到半夜，果然来了，沙沙沙！门外像是风雨声。他正抖作一团时，却听得豁的一声，一道金光从枕边飞出，外面便什么声音也没有了，那金光也就飞回来，敛在盒子里。后来呢？

“抖作一团”描绘“读书人的恐惧心理，人物形象跃然纸上；“豁”为拟声词，好似为我们还原了故事中的真实场景；“飞”“敛”这两个动词易引发人的兴趣，使情节引人入胜，和下文小鲁迅的发问联系密切。“后来呢？”这句话是儿童时期的作者发问的，我们能读出，长妈妈讲的故事深深吸引了幼年鲁迅，他急切地想要知道下面的情节。

后来，老和尚说，这是飞蜈蚣，它能吸蛇的脑髓，美女蛇就被它治死了。

鲁迅对长妈妈怀有深厚的感情，长妈妈不识字，没有看过什么书，但她却总把自己听来的故事讲给童年时期的鲁迅听。她是一个迷信、唠叨，但又善良、淳朴的旧中国劳动妇女形象。作者由赤练蛇想到长妈妈讲的美女蛇的故事，并且记叙了这种神奇的故事，使这篇散文始终保持着欢乐有趣的情调。

结末的教训是：所以倘有陌生的声音叫你的名字，你万不可答应他。

这里单句成段，并且刻意使用冒号强调此处的教训，还原了这个在孩子看来十分重大的结论，使文章充满调侃、幽默的意味。

这“险”应该是鲁迅童年时对传说、妖怪产生的恐惧，是“我”听了故事以后内心的反应。儿童年幼无知，想象力丰富，很容易轻信妖异的存在。内心恐惧却又喜欢听这些传说的事并展开联想，同时从儿童的角度总结一些“经验”，体现出童真童趣。

这故事很使我觉得做人之险，夏夜乘凉，往往有些担心，不敢去看墙上，而且极想得到一盒老和尚那样的飞蜈蚣。

阿长讲的故事为百草园增添了神秘感。百草园在鲁迅的眼中再也不是普通的园子，它的草木荣衰，它的草长莺飞都被这故事染上少年眼中传奇的色彩。因为有了对这种传奇的期待，才有了日后鲁迅时时刻刻对百草园的魂牵梦萦。鲁迅作品的叙述中常有这种看似寻常，却在不经意间铺陈自己情感的细微之处，从这种细微的缝隙中，我们得以窥见作者的真情。

走到百草园的草丛旁边时，也常常这样想。但直到现在，总还是没有得到，但也没有遇见过赤练蛇和美女蛇。叫我名字的陌生声音自然是常有的，然而都不是美女蛇。

冬天的百草园和其他园子别无二致，但它的有趣之处在于下雪之后。一个“可”字背后隐藏的是作者在百无聊赖之时，见到雪景的惊喜。

冬天的百草园比较的无味；雪一下，可就两样了。

“拍雪人”是指作者将整个身体印在雪上的场景，虽然我们未能亲眼见到此场景，但能感受到他的童

拍雪人（将自己的全形印在雪上）和塑

雪罗汉需要人们鉴赏，这是荒园，人迹罕至，所以不相宜，只好来捕鸟。

心。虽然冬天的百草园是"荒园"，但是作者玩得很开心。"只好"有一种退而求其次的感觉，表现了作者在百无聊赖的冬天中打发时间的心态。

薄薄的雪，是不行的；总须积雪盖了地面一两天，鸟雀们久已无处觅食的时候才好。扫开一块雪，露出地面，用一支短棒支起一面大的竹筛来，下面撒些秕谷，棒上系一条长绳，人远远地牵着，看鸟雀下来啄食，走到竹筛底下的时候，将绳子一拉，便罩住了。但所得的是麻雀居多，也有白颊的"张飞鸟"，性子很躁，养不过夜的。

对童年捕鸟的轶事娓娓道来，这必定是极为有趣的事情，所以作者才这样写。捕鸟的过程用了一系列动词——"扫""支""撒""系""牵""看""拉""罩"，生动形象地还原了捕鸟的情景，使回忆富有画面感。这一系列的动作一气呵成，快不得也慢不得，需要多次尝试、练习。一系列动作的描写突出地表现了小鲁迅捕鸟时紧张愉快、兴致勃勃、充满希望的心情。从所得的鸟大多"养不过夜"可以得知，作者的乐趣并不在于捕到鸟，而是捕鸟的过程。

鲁迅在其短篇小说《故乡》里塑造了一个名叫“闰土”的少年，他朴实机灵，活泼勇敢，经常带着小鲁迅在田间地头玩耍，他们一起插猹、抓蛐蛐、摸鱼捉虾。闰土的父亲是鲁迅家里的长工，闰土自小跟随父亲在农村的田间地头长大，所了解的农村生活常识要比小鲁迅丰富得多，常常能搞出许多花样逗小鲁迅开心。本段文字通过“我”费了半天力捉住的鸟“不过”才三四只，与闰土父亲小半天“便能”捕获几十只的对比描写，以及“静静地笑道”的神态描写，塑造出一位忠厚朴实、和蔼可亲，同时具有丰富生活经验的劳动者形象，流露出鲁迅对劳动人民的深挚感情。

这是闰土的父亲所传授的方法，我却不大能用。明明见它们进去了，拉了绳，跑去一看，却什么都没有，费了半天力，捉住的不过三四只。闰土的父亲是小半天便能捕获几十只，装在叉袋里叫着撞着的。我曾经问他得失的缘由，他只静静地笑道：“你太性急，来不及等它走到中间去。”

正当幼年鲁迅在百草园享受自由乐趣的时候，家里却决定将他送进私塾里，“而且还是全城中称为最严厉的私塾”。“不知道”和“最严厉”体现了作者无助和惶恐的心理，他并不知道自己为何必须离开宛若天堂的百草园。但这“最严厉”的书塾可并不好进，它是一年只收八个学童的全城最好的私塾。

我不知道为什么家里的人要将我送进书塾里去了，而且还是全城中称为最严厉的书塾。

也许是因为拔何首乌毁了泥墙罢，也许是因为将砖头抛到间壁的梁家去了罢，也许是因为站在石井栏上跳了下来罢，……都无从知道。

被送到全城中最严厉的书塾这个意外的消息，在他幼小的心灵里引起很大的震动。作者用“也许是因为”三个短句形成排比，写他当时的种种猜测，突出了他对进私塾读书的反感和畏惧。

总而言之：我将不能常到百草园了。Ade，我的蟋蟀们！Ade，我的覆盆子们和木莲们！……

“Ade”为德语，意思是再见。重复两次告别，再现幼年鲁迅对百草园依依惜别的心情。告别百草园的草木虫鸟，表现了作者对百草园深厚的感情和对自由生活的无限留恋，由此转入下文对三味书屋的回忆。

出门向东，不上半里，走过一道石桥，便是我的先生的家了。从一扇黑油的竹门进去，第三间是书房。中间挂着一块扁道：三味书屋；扁下面是一幅画，画着一

三味书屋的“三味”是以三种味道来形象地比喻读诗书、诸子百家著作等古籍的滋味。宋代李淑的《邯郸书目》中记载：“诗书味之太羹，史为折俎，子为醯醢，是为书三味。”画中之鹿,寓含对学子们“鹿鸣”得意、科举及第之期望。“鹿”“禄”谐音，科场得意，自然禄（鹿）在画中了；画中的鹿“伏”在古树下，“伏”“福”谐音，“肥大的梅花鹿伏在古树下”寓意福禄兼得，鹿之肥大则寓意福禄满盈。匾下画鹿，含蓄地对莘莘学

子提出了求学的目标和努力的方向，勉励他们勤奋攻读，学有所成，将来科场得意，仕途通达。

只很肥大的梅花鹿伏在古树下。

两个“算是”意味深长，我们可以设想一下一群小孩认真地对着一幅画和一块匾行礼的场景，是否让人忍俊不禁呢？

没有孔子牌位，我们便对着那扁和鹿行礼。第一次算是拜孔子，第二次算是拜先生。

“方”的一个引申义是正直、端方，用来形容人的品格；“正”形容事物平正、不偏斜，形容人正直正派，品行端正。这里的“方正”用来形容先生性格刚直、正派端方。这里运用白描的写法，着墨不多，却使得这位先生的形象跃然纸上。通过对先生的神态、外貌描写，以及他人对先生的评价，可以看出“我”对先生是十分敬重的。

第二次行礼时，先生便和蔼地在一旁答礼。他是一个高而瘦的老人，须发都花白了，还戴着大眼镜。我对他很恭敬，因为我早听到，他是本城中极方正，质朴，博学的人。

据说有一次汉武帝看到一种红色的小虫，让东方朔来辨认。东方朔说这种虫子的名字叫作“怪哉”。这种虫子之所以出现，是因为此地曾是秦朝的监狱所在地，关押过很多无辜之人，于是百姓都心生哀怨，

不知从哪里听来的，东方朔也很渊博，他认识一种虫，名曰“怪哉”，

冤气所化，用酒一浇，就消释了。我很想详细地知道这故事，但阿长是不知道的，因为她毕竟不渊博。现在得到机会了，可以问先生。

叹息道："怪哉怪哉！"没想到这感叹感动了老天爷，于是造就了这种"怪哉虫"。汉武帝问："该怎么解决这种怪哉虫？"东方朔则说："陛下用酒灌它自然就消失了。"于是汉武帝让人将虫子放在酒中，过了一会儿果真消散。其实东方朔讲"怪哉"含有更深的意味：劝汉武帝要善待百姓。

"先生，'怪哉'这虫，是怎么一回事？……"我上了生书，将要退下来的时候，赶忙问。

"不知道！"他似乎很不高兴，脸上还有怒色了。

先生面带怒色地回答了三个字"不知道"，这与前文"我"向闰土父亲询问捕鸟时，他静静笑着耐心回答"我"的场景，以及阿长主动向"我"讲起神话传说的情形形成鲜明的对比，说明先生确实是"全城中称为最严厉"的塾师。老先生方正宽和，连古书上有记载的故事也不屑一顾，不许学生问津，这说明塾师只是强制学生整天死读硬记，容不得学生独立思考，探讨问题。这反映出当时教育的局限性。

我才知道做学生是不应该问这些事的，只要读书，因为他是渊博的宿儒，决不至于不知道，所

小孩子们极善于察言观色，能够从所见所闻中总结出相应的结论和一套自己的行为准则。"我"初入私塾，就通过"怪哉"一事总结出经验：学生不必提问题，只要读书。"只要"二字，再次表明当时

封建传统教育对孩子天性的扼杀。从“往往”“好几回”中我们也能看出，当时的长辈们大多是像先生一样的，这是时代的特点，并非先生所独有。

谓不知道者，乃是不愿意说。年纪比我大的人，往往如此，我遇见过好几回了。

三味书屋课业繁重，可见三味书屋的学习的确与之前预想的一样，是很不容易的。先生对“我”态度的转变可以从前一句“我就只读书”中找到原因，“我”读书是很用功的，对先生也是很尊重的。先生给“我”读的书渐渐增多，也从侧面表现了作者的天资聪颖和进步之快。

我就只读书，正午习字，晚上对课。先生最初这几天对我很严厉，后来却好起来了，不过给我读的书渐渐加多，对课也渐渐地加上字去，从三言到五言，终于到七言。

“也”字说明三味书屋和百草园之间是有共同点的，都能给“我”提供游戏的场所。孩子的天性终究是没有办法压制的。同窗们和“我”年龄相仿，正是年少贪玩的时候，也侧面衬托出大家对晦涩难懂的学问敬而远之的心理。

三味书屋后面也有一个园，虽然小，但在那里也可以爬上花坛去折蜡梅花，在地上或桂花树上寻蝉蜕。最好的工作是捉了苍蝇喂蚂蚁，静悄悄地没有声音。然而同窗们到园里的太多，太久，可就不行了，先生在书房里便大叫起来：“人都到那里去了？！”

人们便一个一个陆续走回去；一同回去，也不行的。

“我们”采用“一个一个”回去的策略，显然是因为之前一同回去时，引起了先生的责骂。这句话体现出儿童的天真心理。

他有一条戒尺，但是不常用，也有罚跪的规则，但也不常用，普通总不过瞪几眼，大声道：“读书！”

两个“不常用”和“总不过”表现了先生严厉但十分和蔼的性格，呼应了上文“第二次行礼时，先生便和蔼地在一旁答礼”的形象。鲁迅写到这段时，应该对于当时的那种情况是印象深刻的。

于是大家放开喉咙读一阵书，真是人声鼎沸。有念“仁远乎哉我欲仁斯仁至矣”的，有念“笑人齿缺曰狗窦大开”的，有念“上九潜龙勿用”的，有念“厥土下上上

大家所读的书都是这些《易》《尚书》《论语》等对于他们的年龄来说较为难懂的书，所以他们只好东拉西扯地“放开喉咙”毫无停顿地瞎念一通。作者用简单的笔墨，直接引用同伴们朗读的原句，再现了当时读书的情景，生动形象地描述出一幅封建社会私塾里学生读书的场景。

错厥贡苞茅橘柚”的……。

先生自己也念书。后来，我们的声音便低下去，静下去了，只有他还大声朗读着：“铁如意，指挥倜傥，一座皆惊呢～～ ～～；金叵罗，颠倒淋漓噫，千杯未醉嗬～～ ～～……”

这是清末诗人刘翰所作的一首词。作者将先生读的内容加上了标点符号，说明只有先生读得懂并理解其中的意思。“呢、噫、嗬”都是朗读时加在句尾，用来加强赞叹感情的象声词；句中和句尾用“～～ ～～”号表明拉长调的颤音。这都有力地证明了私塾教育是死读书，学生并不理解。大家的声音“低下去、静下去”，先生却并未觉察，依然大声朗读，沉浸其中，这也是下文“我疑心这是极好的文章”的原因。

我疑心这是极好的文章，因为读到这里，他总是微笑起来，而且将头仰起，摇着，向后面拗过去，拗过去。

此时先生的形象和前文中严厉、“怒色”“瞪几眼”的形象形成巨大的反差，却能更好地证明他是“渊博的宿儒”。

先生读书入神的时候，于我们是很相宜的。有几个便用纸糊的盔甲套

“做戏”行为表面上看是“违纪”行为，实际上既反映出“我”对艺术的兴趣，也反映了私塾教育给学生自由活动的天地是狭窄的，严重束缚了学生自由、健康、全面发展。

在指甲上做戏。

我是画画儿，用一种叫作“荆川纸”的，蒙在小说的绣像上一个个描下来，像习字时候的影写一样。读的书多起来，画的画儿也多起来；书没有读成，画儿的成绩却不少了，最成片段的是《荡寇志》和《西游记》的绣像，都有一大本。

“书没有读成，画儿的成绩却不少了”，这句带有调侃色彩的话，表达了封建教育不能束缚住儿童兴趣爱好的意味。这不禁令人想到前文记叙的溜到书塾的一个小园里去“捉了苍蝇喂蚂蚁”的场景。然而这种不是游戏的游戏，却被称为小园里“最好的工作”。书塾里偷得片刻闲暇，却只有这样的活动，岂不使人摇头！相比之下，室内的影写绣像便是“满足他幼稚的爱美的天性”的行为了。鲁迅写这些内容，也如同《二十四孝图》里所说，如此“回忆起我和我的同窗小友的童年”，乃是“给我们的永逝的韶光一个悲哀的吊唁”。

后来，因为要钱用，卖给了一个有钱的同窗了。

这些很费时光、很费精力、很费心血创作的画本，是作者的最爱，是作者的一段生命中很具活力、很有意思的内容，可是，却因为“要钱用”将画本卖了。钱用到了哪里？作者没有说。他本衣食无忧，为什么会卖掉自己心心念念、倾注了浓浓情感的画本呢？联系第一段中提到的卖祖宅，便不难理解作者蕴含在这只言片语中的心酸了。

锡箔，上面涂着一层薄锡的纸，多叠成元宝形，旧时多用于祭祀。绅士，是指旧社会地方上有势力的地主或退职的官僚，是一方特权阶层，是乡村社会的实际统治阶层。在反封建的时代话语中，绅士遭到了鲁迅猛烈的批判。

他的父亲是开锡箔店的；听说现在自己已经做了店主，而且快要升到绅士的地位了。

鲁迅三十多年后再回望这买去鲁迅心爱的绣像图画，开起锡箔店、大发死人财，将要升到绅士的“同窗”，会是什么感情呢？这里不只有调侃，调侃的背后有鄙夷与不屑，我们甚至能听到嘲讽的冷笑声。

这东西早已没有了罢。

九月十八日。

本篇散文写于 1926 年 9 月 18 日。当时我国正处在第一次国内革命战争高潮时期，1926 年“三一八”惨案发生以后，鲁迅先生始终坚定不移地和爱国青年学生站在同一边，以笔为刃，与反动势力进行战斗。

但鲁迅的爱国举动也触怒了封建军阀，他被北洋军阀列入通缉的北京文教界五十人名单中，因此无法公开与北洋军阀作斗争，于 1926 年应厦门大学的邀请离开北京。

鲁迅到厦门大学时正值暑期，学生还没开学。他辗转流徙，心情苦闷的时候经常回忆起少年时的往事，于是就写下了这篇回忆性散文。正如列夫·托尔斯泰所言：“一个作家写来写去，最后都会回到童年。”鲁迅在人生如一茎残荷风雨飘摇的时候，借着包括本文在内的十篇回忆性散文回到了小时候，而童年趣事足以安慰一颗孤寂的心。

这些回忆性散文从多侧面描绘了鲁迅童年、青少年时期的生活，形象地反映了他的性格和志趣的形成过程。前七篇反映了他童年时代在绍兴的家庭和私塾中的生活情景；后三篇叙述了他从家乡到南京，又到日本留学，然后回国教书的经历。他的文章揭露了半殖民地半封建社会种种丑恶的不合理现象，同时反映了有抱负的青年知识分子在旧中国茫茫黑夜中不畏艰险、寻找光明的艰难历程，抒发了他对往日亲友、师长的怀念之情。

这些回忆性散文写成后，作者以“旧事重提”为总题目陆续发表于《莽原》半月刊上。1928 年结集出版，更名为《朝花夕拾》。

再塑生命的人·教育与爱的诠释

作者◎海伦·凯勒
解读者◎魏玮

因为特殊的生活经历，海伦·凯勒的文章总会让我们的心灵感受到一种前所未有的力量。我们在被这种力量震撼的同时，也要关注作者敏锐的写作视角，体会其细腻动人的语言，感受其深入细致的描写，如将身处黑暗比作在海上航行，将迎接莎莉文老师时的周围环境和感悟生命意义的场面刻画得细致入微。当然，我们还可以阅读作者的其他作品，或者将其与史铁生的文章进行比较，从而体会他们内心的力量和人生追求。

再塑生命的人

教育与爱的诠释

老师安妮·莎莉文来到我家的这一天，是我一生中最重要的一天。那是1887年3月3日，当时我才六岁零九个月。回想此前和此后截然不同的生活，我不能不感慨万分。

读到标题，读者便会迫切地想知道：生命高贵而神圣，什么样的人可以塑造它呢？读完文章第一段，我们的疑问就有了答案，原来这个人就是作者的老师——安妮·莎莉文。在本段中我们不难从精准的时间记录和“最重要”“不能不”等字句中读出海伦·凯勒对莎莉文老师崇高的敬意。对老师怀有敬意似乎并不难理解，但海伦·凯勒出生后不久就因突发的猩红热丧失了视觉和听觉，莎莉文老师将会以何种方式教授这样一个身份特殊的学生，进而受到这个学生如此深厚喜爱呢？

那天下午，我默默地站在走廊上。从母亲的手势以及家人的来去匆忙中，我猜想一定有什么不寻常的事要发生。

这一天的“不寻常”在“家人的来去匆忙”与“我的安静”之间形成鲜明的反差。其实表面看似“安静”的小海伦背后藏着的是她那颗敏感细腻的心，我们不难发现她心中满怀因未知事件引发的兴奋、激动与担忧，而这份心情既与后一段因此，我安静地走到门口，站在台阶上等待着。

中的不知所措形成照应，又为下文莎莉文老师的到来做铺垫，也引发读者强烈的好奇。

下午的阳光穿透遮满阳台的金银花叶子，照射到我仰着的脸上。我的手指搓捻着花叶，抚弄着那些为迎接南方春天而绽开的花朵。我不知道未来将有什么奇迹发生，当时的我，经过数个星期的愤怒、苦恼，已经疲倦不堪了。

虽然作者写下本文之时已与莎莉文老师的初见相隔多年，但她依然记得当时发生的每一个细节。除了上文所描述的反差，这一天的“不寻常”还在于本段中所述的象征生命与希望的阳光与美丽的花朵也无法唤醒一直沉浸于颓废状态中的“我”。世间围绕着“我”的一切都在忙碌而有序地运作着，他们永远充满着生机与活力，而“我”却长期处于无边无际的寂静的黑暗之中。前方的路到底该怎么走？这个问题对于年幼的“我”无法找到答案，心中充满了绝望与迷茫！

朋友，你可曾在茫茫大雾中航行过，在雾中神情紧张地驾驶着一条大船，小心翼翼地缓慢地向对岸驶去？

这段话是本文中最经典、最直击人心的部分。这段话之所以有如此巨大的影响力，离不开海伦·凯勒精妙的语言表达。作者用“在雾中神情紧张地驾驶着一条大船”来比喻自己经受身体病痛以来的状态，大船航行时的环境恶劣、设备缺乏，以及航行中无数次撕心裂肺的呐喊与命运的毫无回应的场景，这种对心灵困境的描述可能会让很多人产生共鸣。同时，这段也与后文莎莉文老师“重塑”后的海伦·凯勒形成鲜明对比，从反面说明了受教育的重要性：接受了教育，生活的航船才能冲破大雾的层层阻碍，找到准确的航行方向，进而靠近理想的人生港湾。本段的描述既充满张力又细致入微，让我们深切地体会到作者面临绝境时的孤独与无助，这样的境遇即使心智再成熟的人恐怕也会感到迷茫无助，更何况是处于幼年时期失聪又失明的作者呢?

你的心怦怦直跳，唯恐意外发生。在接受教育之前，我正像大雾中的航船，既没有指南针也没有探测仪，无从知道海港已经临近。我心里无声地呼喊着：“光明！光明！快给我光明！”恰恰在此时，爱的光明照到了我的身上。

我觉得有脚步向我走来，以为是母亲，立刻伸出双手。一个人握住了我的手，把我紧紧地抱在怀中。我似乎能感觉得到，她就是那个来对我启示世间的真理、给我深切的爱的人——安妮·莎莉文老师。

虽然海伦·凯勒看不见老师的样貌，但老师温暖有力的怀抱却给了她坚定的力量与勇气。这一部分在引出后文莎莉文老师启示海伦·凯勒的具体教学方法的同时，也暗示了莎莉文老师将对海伦·凯勒的一生产生极其重大的影响。

第二天早晨，莎莉文老师带我到她的房间，给了我一个布娃娃。后来我才知道，那是柏金斯盲人学校的学生赠送的。衣服是由年老的萝拉亲手缝制的。

初次见面，盲校老师为何要将礼物选定为布娃娃？还一定要亲手缝制？我想不单单是因为布娃娃符合小海伦的年龄特点，更重要的是老师们希望以此拉近和孩子们的距离，真正地和孩子们做朋友，走进孩子们的内心深处。

我玩了一会儿布娃娃，莎莉文小姐拉起我的手，在手掌上慢慢地拼写“doll”这个词，这个举动让我对手指游戏产生了兴趣，并且模仿着在她手上画。

这有趣的手指游戏勾起了小凯勒的好奇心。如果说精心制作的布娃娃里包裹着老师们的浓浓爱意，那么在一笔一画“慢慢拼写”与“模仿”的指引里更能体现出莎莉文老师的认真尽责。

当我最后能正确地拼写这个词时，我自豪极了，高兴得脸都涨红了，立即跑下楼去，找到母亲，拼写给她看。

反复练习后，海伦·凯勒对平生第一次接触到的单词掌握得越来越熟练，这种全新的知识在海伦·凯勒心中掀起了层层波澜，在她涨红的脸上、“立即跑下楼”的脚步声里有初次体验的欣喜，更有完全掌握直至成功的自豪与激动。

我并不知道这就是在写字，甚至也不知道世界上有文字这种东西。我不过是依样画葫芦模仿莎莉文老师的动作而已。从此以后，以这种不求甚解的方式，我学会了拼写“别针”（pin）、“杯子”（cup）以及“坐”（sit）、“站”（stand）、“行”（walk）这些词。

对于海伦·凯勒而言，这一部分的学习还只停留在模仿阶段，她并未真正理解这些单词的含义，所以作者采用了简单罗列的叙述方式，与后文详细描述区分“杯”与“水”事件形成对比。冰冻三尺非一日之寒，从上文的教学经历中我们已经了解到：对于零基础的小海伦来说，学习一个简单单词就需要反复操练，更何况之后“几个星期”的学习呢？在作者罗列的众多单词中，我们不难看出她们共同所学词语的数量对刚学习的小海伦来说并不少，也能发现这些词语大多是从日常生活的场景中习得的。作者简短的表述中始终贯穿着的，是莎莉文老师长期以来默默付出的良苦用心，也暗含着海伦·凯勒孜孜以求的学习态度。

世间万物都有自己的名字，这是在老师教了我几个星期以后，我才领悟到的。

在身体健全的我们看来，万事万物都有自己的名字是再正常不过的一件事，但是对于小海伦而言，“名字”这个单词本身理解起来就要比常人困难许多。因此，作者用“才”字形容自己悟性不高以及心中的遗憾，但我们却不能简单地认为她真是悟性不高，而是应该看到她学习时惊人的领悟力。

有一天，莎莉文小姐给我一个更大的新布娃娃，同时也把原来那个布娃娃拿来放在我的膝上，然后在我手上拼写“doll”这个词，用意在于告诉我这个大的布娃娃和小布娃娃一样都叫作“doll”。

将上面按时间顺序记叙的三件事结合起来观察，我们还能体会到莎莉文老师深邃的教学思想。联系上一自然段和本段，我们能窥见她教学中的日常渗透和循序渐进：她会先从小海伦周围可触摸的事物的名词开始教，再慢慢教日常使用的动词。学习拼写并不烦琐的单词，在满足小海伦日常交际需求的同时也增加了她的成就感。有了前期学习基础，再引入更抽象的形容词，帮助小海伦区分大小、归纳事物，就变得水到渠成了。

这天上午，我和莎莉文老师为“杯”和“水”这两个词发生了争执。她想让我懂得“杯”是“杯”，“水”是“水”，而我却把两者混为一谈，“杯”也是“水”，“水”也是“杯”。

此处是海伦·凯勒学习区分“杯”与“水”事件的开端，作者用“争执”一词来表现这次思想碰撞程度之剧烈，用两人之间认知内容不同的对比突出概念混淆时“我”的“固执”，也为下文此次漫长困难的教学过程做铺垫。相比上文所说的“不求甚解”的学习态度，作者这时才真正变成了全身心地自主式学习，而此次矛盾的产生便是这一学习方式的催化剂。

她没有办法，只好暂时丢开这个问

面对学习突发的争执，小海伦直接对老师送的布娃娃发泄不满，她要把布娃娃“摔碎”了才能觉得“痛快”。但反观莎莉文老师，面对教学遭遇的瓶颈和小海伦的愤怒，她却一直耐心教授，没有看出半分生气与不悦。鲜明对比背后展现的是莎莉文作为老师的责任感与工作热情，正如她在传记中所述："随着对海伦教育一步步地深入，我觉得我的工作越来越有趣，她每天都在发生着变化，越来越富有挑战性……我知道，假如我有能力和耐力完成对这个孩子的教育的话，将会成为我这一生中最令人瞩目的事情。"

题，重新练习布娃娃"doll"这个词。我实在有些不耐烦了，抓起新布娃娃就往地上摔，把它摔碎了，心中觉得特别痛快。

在这份情绪的宣泄中，我们看到了海伦·凯勒孩童时的执拗与倔强，但更应该看到其中隐藏着的她对命运不公的愤怒、对外界事物的冷漠，以及她内心的脆弱，理解她经历人生至暗时期的不幸与彷徨。在这样一个本该天真烂漫、无忧无虑的年纪，她却无法体会世间的美好与善意。

发这种脾气，我既不惭愧，也不悔恨，我对布娃娃并没有爱。在我的那个寂静而又黑暗的世界里，根本就不会有温柔和同情。

莎莉文老师体会到了小海伦心中那份不愿被揭露的伤疤。她没有一味地追求教学内容的推进与输出，而是选择对她所有宣泄下的情绪照单全收，并帮助小海伦切换学习频道，尝试通过户外散心的方式缓解她遇到学习瓶颈时心中的沮丧与焦

莎莉文小姐把可怜的布娃娃的碎布扫到炉子边，然后把我的帽子递给我，

我知道又可以到外面暖和的阳光里去了。

虑。在她默默扫去一地破碎布料的动作里，在递给小海伦帽子的那一刻，莎莉文老师其实已然成了一位慈爱有加的母亲，她尝试打开孩子封闭已久的心扉，这样的人不正如和煦暖人的阳光般让人舒心吗？

我们沿着小路散步到井房，房顶上盛开的金银花芬芳扑鼻。莎莉文老师把我的一只手放在喷水口下，一股清凉的水在我手上流过。

即使是在闲暇时的散步活动，莎莉文老师也不忘适时、巧妙地引导小海伦掌握知识。她不再继续无效的争执，而是把学习机会主动交给小海伦，带领她感受水流过指尖的美妙，让她自己走进大自然，好好感受一番。

她在我的另一只手上拼写“water”——“水”，起先写得很慢，第二遍就写得快一些。

莎莉文老师不仅在感受小海伦情绪上有温度，在教学细节设计中也充满着智慧。比如书写“水”时，从“起先写得慢”到后面的渐渐加快。我们还可以在莎莉文老师层层递进的动作中感受到她对学生无私的爱与包容，而这份情感早已跨越了师生距离，比亲人之间的羁绊还深上几分。

我静静地站着，注意她手指的动作。突然间，我恍然大悟，有一种神奇的

此时无声胜有声，实物教学加上拼写指导，聪明的小海伦终于在莎莉文老师巧妙的教学设计中理解了“水”与“杯”的区别。此处的“恍然大悟”恰似指尖的水流冲刷进海伦·凯勒的

脑中，心里定有那份苦尽甘来的喜悦。此刻既是她领悟人生真谛的重要转折点，也与标题中的“再塑生命”相照应。其实有时候所谓的成长与蜕变，可能就如文中所述，是电光石火的一瞬间。一个人只有了解了世间万物，有发掘未知的兴趣和丰富的表达，真正理解了文字承载的鲜活意义，感悟到了生命跳动的音符，才算真正有了生命。

感觉在我脑中激荡，我一下子理解了语言文字的奥秘了，知道了“水”这个词就是指正在我手上流过的这种清凉而奇妙的东西。

水真的可以唤醒一个人的灵魂吗？显然带给海伦·凯勒如此震撼影响力的应当是恩师莎莉文。文中对于“水”的教学过程不单纯是知识的传递，更是一场灵魂的对话。在这场对话里，海伦·凯勒对于学习、世界、人生等多方面探索的热情被彻底地激发，她的世界才被光明普照，褪去了黯淡。

水唤醒了我的灵魂，并给予我光明、希望、快乐和自由。

海伦·凯勒终于睁开了内心那双渴求生命、寻求真理的“双眼”，“看到”了一直以来从未谋面的多彩世界。此处作者面对新境界发出的感叹恰好和上文所说的“几个星期后的领悟”相照应，揭开了读者心中的疑惑。这双注入灵与魂的眼睛，带给她的不仅是智慧的增长，更重要的是人格上的完整，让她有了挑战困难的勇气与信心。

井房的经历使我求知的欲望油然而生。啊！原来宇宙万物都各有名称，每个名称都能启发我新的思想。

我开始以好奇的眼光看待每一样东西。回到屋里，碰到的东西似乎都有了生命。我想起了那个被我摔碎的布娃娃，摸索着来到炉子跟前，捡起碎片，想把它们拼凑起来，但怎么也拼不好。想起刚才的所作所为，我悔恨莫及，两眼浸满了泪水，这是生平第一次。

这一部分中我们能看到海伦·凯勒自我人性的觉醒和对灵魂深处的剖析。她和文章开头描述的那个胆怯孤独、整日忧心忡忡的小女孩完全不同了。她开始敞开自己的怀抱，满心期待地触碰身边的每件事物，也在这一过程中更加懂得了珍惜。在她捡起碎片、泪水布满双眼的时刻，她一定深刻地体会到了什么是无法挽回的遗憾。这份遗憾里不仅有对先前随意向老师发泄情绪的深深自责与愧疚，更有对曾经每一个虚度过的、抱怨过的日日夜夜痛彻心扉的悔恨。这“生平第一次”的“泪水”既是海伦·凯勒对昨日叛逆与沉沦的挥别，也是她今日焕然一新的见证。

那一天，我学会了不少词，譬如“父亲”（father）、“母亲”（mother）、“妹妹”（sister）、“老师”（teacher）等。这些词使整个世界在我面前变

只是学会了“水”和几个称谓词，为什么年幼的孩子会觉得自己如此幸福，激动得无法安眠？结合对上文的理解，我们可以看到此时的海伦·凯勒已经经历了成长上极为重要的思想转变。因此，我们不能依然用旧的眼光去审视她，而应该发现她内心深处积淀的情绪。简单的称谓词就不再只是模仿的手指游戏，而是化为了她生命中每日可以触碰

的有温度的亲人。这些亲人用他们不同的方式关爱、呵护着她的成长，她才可以在充满爱的世界里学习知识、体会生命，肆意奔跑和欢笑。

得花团锦簇，美不胜收。

从“美好”和“喜悦”的形容中，我们能感受到海伦·凯勒的激动之情已经溢于言表。她因将手指符号与客观事物建立联系，真正理解了词语意义而雀跃，更因结识了一位真正关爱自己的良师，生命得以重生而兴奋。此刻她的世界被彻底点亮，她再不会因孤独而浪费光阴，而是用尽全力体会生命的价值，全力过好每个明天。

记得那个美好的夜晚，我独自躺在床上，心中充满了喜悦，企盼着新的一天快些来到。

这一刻，海伦·凯勒的世界布满鸟语花香的美景，她也真正读懂了围在身边引导、呵护她点滴成长的老师。这样崭新而温暖的世界怎么不叫人憧憬？生活在这世界里的孩子怎一个幸福了得？

啊！世界上还有比我更幸福的孩子吗？

读完整篇文章，我们一定会同情海伦·凯勒的不幸与坎坷。我们常说“眼睛是心灵的窗户”，但如果这扇窗户被关闭了，心灵还能接触到光明吗？海伦·凯勒的《再塑生命的人》给了所有人答案：如果人生其中一扇窗户被关闭了，我们还可以想办法去打开另一扇窗户，让心灵通向光明。身为盲人，她的内心却能够“看”到田野、山花；虽然失聪，她却能够“听”到树叶响的声音；虽然无法从视觉、听觉上感受到外界，但她最终却用心灵感受到了莎莉文老师对爱的诠释。这个女孩好学善思、坚韧不拔、积极进取，就像比利时评论家乔其特·雷布兰克所说：“海伦·凯勒是一个让我们自豪与羞愧的名字，她应该得到永世流传，以此对我们的生命给予最必要的提醒。”的确，有时候我们会怨天尤人，责备上天带给我们种种不公。但生命对每个人来说都是不可逆的，想要怎样生活的决定权其实在我们自己手里。或许在别人眼里，我们现在所拥有的，已经是莫大的幸福了。海伦·凯勒的特殊经历，我们似乎永远无法感同身受，但值得肯定的是，她让我们看到了生命不被定义的各种可能性，看到了生命彰显的最大活力与精彩。

同时，我们还要看到本文对莎莉文老师的刻画，更要从文字背后思考莎莉文老师对教育与爱的诠释。结合作者的其他作品我们可以了解到，莎莉文老师的成长经历也颇为艰辛。幼年时期的她同样有着悲惨的遭遇，她双目几乎失明，家境贫困，孤苦无依。但她在走出困境后却不忘关爱孤独无助的人，把心中的爱与勇气传递了下去。作为一名老师，她不仅承载着传播知识的责任，更肩负着关怀、培育人的重任。是她的出现，海伦·凯勒才会自由、畅快地“看”见万物、“听”见声音；有了她的指引，海伦·凯勒才能体会到自然，学会懂得“爱”与尊重，从静默又漆黑的孤独走向快乐而光明的世界。是她唤醒了海伦·凯勒，是她发展了海伦·凯勒，是她塑造了海伦·凯勒。这对于一个命运多舛的人来说是何等的不可思议啊！从这个意义上来说，是莎莉文老师真正“重塑”了海伦·凯勒的生命。

安妮·莎莉文老师是海伦·凯勒成功的重要力量，有了她这个坚强、永不退缩的后盾，海伦·凯勒的学业和创作之路才能越走越宽。我们可以把莎莉文老师的精神财富看作一份“爱”的传递，一种生命的无限延续。它如同文章中反复出现的“手掌”一般，鼓舞、激励着海伦·凯勒战胜人生的每一次惊涛骇浪，向世人播撒美好与爱的种子。

邓稼先·用一生诠释『中国脊梁』

作者◎杨振宁
解读者◎蒋白鹭 张丽

作者以我们优秀的文化基因为载体，以民族气节与民族精神为核心，以对朋友邓稼先的怀念为情感基调，为我们介绍了一位伟大的爱国科学家。作者杨振宁也是一位物理学家，在阅读文本的时候，我们也要多关注他科学、严谨、理性、客观的行文风格。作者记述的事迹是零散的，但是所要表达的怀念和赞颂是高度集中的。我们可以在与文本不断的“对话”过程中领会作者的意图，读懂人物品质。同时也要注重作者的语言特点，这对于了解文本的深刻意蕴具有重要意义。

邓稼先 用一生诠释"中国脊梁"

从"任人宰割"到"站起来了"

一百年以前，甲午战争和八国联军时代，恐怕是中华民族五千年历史上最黑暗最悲惨的时代，只举1898年为例：德国强占山东胶州湾，"租借"99年。俄国强占辽宁旅顺大连，"租借"25年。法国强占广东广州湾，"租借"99年。英国强占山东威海卫与香港新界，前者"租借"25年，后者"租借"99年。那是中华民族任人

邓稼先之"奇"，文章开篇就铺垫了出来。我们可以直接从中读出中国近一百年的历史背景。作者以1898年西方列强瓜分中国的情况为例，写了旧中国是怎样"任人宰割"的。四个短句分别列举"任人宰割"的四个例子，"强占"与"租借"二词反复出现，表达出对强盗疯狂瓜分中国，而当时政府无所作为的愤慨。一系列史实的呈现，瞬间将读者带到那个任人宰割的令每一个中国人都悲愤的历史中。把即将要介绍的人置于历史时空背景下，形成时代对个人的强烈衬托，以展示作为杰出科学家的邓稼先对祖国、对民族的发展做出的巨大贡献。

宰割的时代，是有亡国灭种的危险的时代。

今天，一个世纪以后，中国人民站起来了。

借“今天”一词，顺势转入“中国人民站起来了”的新时代，中华民族发生了巨大转变。

这是千千万万人努力的结果，是许许多多可歌可泣的英雄人物创造出来的伟大胜利。在20世纪人类历史上，这可能是最重要的、影响最深远的巨大转变。

中华民族的转变是“千千万万”中华儿女努力的结果，是许许多多英雄人物创造出来的。由民族的历史写到历史的民族，作者将笔触落到了人的身上，主人公邓稼先呼之欲出。邓稼先和无数的“邓稼先”为国为民奉献自己的一生，无怨无悔。两个“最”字指出了这一转变重大的价值和历史意义。

对这一转变做出了巨大贡献的，有一位长期以来鲜为人知的科学家——邓稼先。

“鲜为人知”是因为邓稼先从事的职业涉及国家机密，外界对他的奉献一无所知。“巨大贡献”与“鲜为人知”形成极大反差，凸显出邓稼先朴实低调和默默奉献的精神。作者在近一百年的中国历史背景描写中推出邓稼先，让这篇人物特写获得了历史的纵深感，同时也使读者认识到：邓稼先不是一位普通的人物，而是一位具有伟大历史意义的人物，是对祖国、民族有巨大贡献的杰出科学家。

“两弹”元勋

邓稼先1924年出生在安徽省怀宁县。在北平上了小学和中学，于1945年自昆明西南联大毕业。

邓稼先出生在安徽怀宁县一个书香门第之家，后随母亲到北平，在担任清华大学、北京大学哲学教授的父亲身边长大。

1948年到1950年赴美国普渡大学读理论物理，获得博士学位后立即乘船回国。1950年10月到中国科学院工作。1958年8月奉命带领几十个大学毕业生开始研究原子弹制造的理论。

“立即”足以看出学成后的邓稼先回国之心切，他本就是抱着报国之志奔赴海外求学的。1945年抗战胜利时，邓稼先从西南联合大学毕业，在昆明参加了共产党的外围组织“民主青年同盟”，投身于争取民主、反对国民党独裁统治的斗争。翌年，他回到北平，受聘担任北京大学物理系助教，并在学生运动中担任北大教职工联合会主席。抱着学更多的本领以建设新中国之志，他于1948年秋进入美国印第安纳州的普渡大学研究生院学习。1950年8月，邓稼先在美国获得博士学位九天后，便谢绝了恩师和同校好友的挽留，毅然决定回国！

这以后的28年间，邓稼先始终站在中国原子武器设计制造和研究的第一线，领导许多学者和技术人员，成

“28年”在此处有什么特殊意义？作者在这里埋下了一个伏笔。我们不妨算一算，邓稼先在一线设计制造和研究原子武器的时间是1958年至1986年！为什么是28年而不是更多？1986年到底发生了什么？

功地设计了中国的原子弹和氢弹，把中华民族国防自卫武器引导到了世界先进水平。

1964年10月16日中国爆炸了第一颗原子弹。

1967年6月17日中国爆炸了第一颗氢弹。

短句成段的形式简洁精练，铿锵有力，突出强调了邓稼先的伟大成就。在邓稼先的领导下，中国的原子弹和氢弹研制成功，这是振奋人心的消息，也是震惊世界的消息。它向全世界证明了中华民族的实力，也向全世界证明中国有能力站起来！

这些日子是中华民族五千年历史上的重要日子，是中华民族完全摆脱任人宰割危机的新生日子！

“重要”“完全”“新生”等词表明邓稼先的工作对于民族、国家而言意义重大，和第一部分中的“巨大贡献”内容一脉相承。

1967年以后邓稼先继续他的工作，至死不懈，对国防武器做出了许多新的巨大贡献。

“至死不懈”是到死都不松懈的意思，比喻对某件事有执着的追求。这里用简洁的话语概述了1967年以后邓稼先做出的巨大贡献。作者概括地从“面”上来写，虽然寥寥数语，但是“许多”“巨大”体现出了邓稼先所做出的贡献之大。

1985年8月邓稼先做了切除直肠癌的手术。次年3月又做了第二次手术。在这期间他和于敏联合署名写了一份关于中华人民共和国核武器发展的建议书。1986年5月邓稼先做了第三次手术，7月29日因全身大出血而逝世。

> 前文设下的“28年间”这一伏笔，此处揭晓：原来是病魔夺去了科学家的生命！因始终坚守在原子武器研制的第一线，放射性物质悄然地侵入邓稼先的身体，此处时间数字表达的高密度与快节奏，让人震惊。我们通过直观而冰冷的数字，仿佛可以感受到邓稼先生命进入倒计时阶段所经受的折磨与不幸，体会到作者发自内心的痛惜之情。然而即便在第二次和第三次手术短暂的间隔时间里，邓稼先依然在为新中国核武器的发展殚精竭虑！在他心里，核武器试验与自己的生命同等重要，甚至比生命更重要。

“鞠躬尽瘁，死而后已”正好准确地描述了他的一生。

> 引用诸葛亮《后出师表》中的名句，画龙点睛又恰到好处地总结了邓稼先无私奉献的一生。

邓稼先是中华民族核武器事业的奠基人和开拓者。张爱萍将军称他为“‘两弹’元勋”，他是当之无愧的。

> 引用时任国防部长张爱萍将军的评价，让评价更具有说服力。“当之无愧”意为承受得起某种称号或荣誉，表达了作者对邓稼先杰出成就和巨大贡献的肯定与赞颂。

邓稼先与奥本海默

1936年到1937年，稼先和我在北平崇德中学同学一年；后来在西南联大我们又是同学；以后他在美国留学的两年期间我们曾住同屋。50年的友谊，亲如兄弟。

本段交代了作者自己和邓稼先的关系。称呼也从前面的“邓稼先”转为“稼先”，亲近感更浓了一些。为了阐明“50年的友谊，亲如兄弟”这一事实，作者用了“1936年到1937年，……同学一年”“后来……又是同学”“以后……曾住同屋”等表示时间跨度和关系的句子，二人之间的密切联系和深厚友谊由此可见一斑。

1949年到1966年我在普林斯顿高等学术研究所工作，前后17年的时间里所长都是物理学家奥本海默。当时，他是美国家喻户晓的人物，因为他曾成功地领导战时美国的原子弹制造工作。

奥本海默领导完成了被杜鲁门盛赞为“一项历史上前所未有的大规模有组织的科学奇迹”的曼哈顿计划，即第二次世界大战期间研发原子弹的一项大型军事工程，由美国主导并得到了英国和加拿大的支持与参与。他被美国人誉为“原子弹之父”，成了美国人的英雄。

高等学术研究所是一个很小的研究所，物理教授最多的时候只有五个人，奥本海默是其中之一，所以我和他很熟识。

第二次世界大战后，奥本海默曾短暂执教于美国加州理工学院，之后来到美国普林斯顿高等研究院工作并担任院长。作者写自己与邓稼先、奥本海默的关系，强调他和二人都相当熟悉，为下文深入介绍两人迥异的性格和为人做铺垫。

奥本海默和邓稼先分别是美国和中国原子弹设计的领导人，各是本国的功臣，可是他们的性格和为人却截然不同——甚至可以说他们走向了两个相反的极端。

在写这两个人的时候，作者使用了对比与映衬的手法，使人物形象耐人寻味。作者先指出奥本海默和邓稼先的相同点：都是国家原子弹设计的领导人，是本国功臣。后用“可是”引出下文对两人截然不同的性格与为人的描述。

奥本海默是一个拔尖的人物，锋芒毕露。

“锋芒毕露”意为锐气和才干全都显露出来。段首句总领全段内容，锋芒毕露便是奥本海默的主要性格特点。接下来作者用具体事例来表现他的这一性格。

他二十几岁的时候在德国哥廷根镇做玻恩的研究生。玻

奇怪的是，对于一个成就大、个性强、知名度又高的熟人，作者仅仅写了一件“小事”，即奥本海

恩在他晚年所写的自传中说，研究生奥本海默常常在别人做学术报告时（包括玻恩做学术报告时）打断报告，走上讲台拿起粉笔说：“这可以用底下的办法做得更好……”我认识奥本海默时他已四十多岁了，已经是妇孺皆知的人物了，打断别人的报告，使演讲者难堪的事仍然时有发生。不过比起以前要少一些。佩服他、仰慕他的人很多，不喜欢他的人也不少。

默在做研究生时，常常打断别人的学术报告，即使在自己的导师玻恩做报告时，他也会走上讲台，拿起粉笔将自己认为的更优的解决办法写出来。作者在这里写出了奥本海默的性格特点——锋芒毕露。对这样的事，我们深感惊讶。如果说二十多岁时候的奥本海默是年轻气盛才会这样，但是作者特别提到认识他的时候他已经“四十多岁了”，已经是“妇孺皆知的人物”了，而打断人、使人难堪仍然“时有发生”，这进一步表明了奥本海默锋芒毕露的性格。很明显，邓稼先和奥本海默两个人的性格是截然不同的，对奥本海默的描写，也是为了与后文描写邓稼先形成对比，是为了突出邓稼先“纯”而“朴实”的品质。

邓稼先则是一个最不要引人注目的人物。

“则”对比意味明显。奥本海默锋芒毕露，而邓稼先与之截然不同。“不要引人注目”并非“不引人注目”，邓稼先在中国同样是一个拔尖的人物，他的工作业绩无疑是引人注目的，但是他为人低调内敛，不愿出风头，不愿露锋芒。“最”字强调了邓稼先为人的谦逊低调。

和他谈话几分钟，就看出他是忠厚平实的人。他真诚坦白，从不骄人。他没有小心眼儿，一生喜欢“纯”字所代表的品格。

“几分钟”“从不”“一生”等词突出了邓稼先的为人与性格。作者还特别提及他“一生喜欢‘纯’字所代表的品格”，即赞赏邓稼先具有赤子之心。

在我所认识的知识分子当中，包括中国人和外国人，他是最有中国农民的朴实气质的人。

作者评价邓稼先，并没有使用华美的辞藻，却十分精准地把握住了人物的突出特征，足见作者对他的认识之真切，其钦佩之情也溢于言表。“中国农民”足以代表最广大的中国人民，邓稼先为人朴实无私的性格与气质是与其归属的中华民族的传统文化密切相关的。

我想邓稼先的气质和品格是他所以能成功地领导各阶层许许多多工作者，为中华民族做了历史性贡献的原因：人们知道他没有私心，人们绝对相信他。

“绝对”一词可以看出邓稼先在人们心中的位置和形象，侧面表现出邓稼先朴实无私的品格与其做出的历史性贡献之大。此处勾连第二部分“两弹元勋”的历史性贡献，指出邓稼先朴实无私的品格与其做出的历史性贡献之间的因果关系。

“文革”初期，他

“文革”时期是我国历史上一段极其特殊的时期，邓稼先能在这样所在的研究院（九院）和当时全国其他单位一样，成立了两派群众组织，对吵对打。而邓稼先竟有能力说服两派继续工作，于1967年6月成功地制成了氢弹。

特殊的历史时期处理好各种矛盾，保证工作的顺利进行，可以说是创造了一个奇迹，而这正是因为“人们知道他没有私心，人们绝对相信他”。此处体现出的邓稼先朴实无私的高尚人格魅力，是不是和奥本海默的“不喜欢他的人也不少”形成了鲜明对比呢？

1971年，在他和他的同事们被“四人帮”批判围攻的时候，如果别人去和工宣队、军宣队讲理，恐怕要出惨案。而邓稼先去了，竟能说服工宣队、军宣队的队员。这是真正的奇迹。

为了更好地展现邓稼先的精神和品格，作者连举两个典型例子，这两个例子讲的都是邓稼先说服别人，以维护安定团结的工作局面。在那样天翻地覆的混乱年代，邓稼先却能甘于冒险去说服别人，从而凝聚人心，实属难能可贵。作者说“这是真正的奇迹”，而这个“奇迹”是邓稼先创造的。“竟”字表明这样的事情是出乎意料的，我们大致可以这样揣测，说服大家的不一定是邓稼先的口才，关键在于他的人格魅力，以及他在工作集体中的崇高地位。

邓稼先是中国几千年传统文化所孕育出来的有最高奉献精神的儿子。

忠厚朴实、无私奉献，是中华民族几千年的优良传统。作者从民族文化背景的角度赞扬了邓稼先崇高的奉献精神。邓稼先用生命诠释无悔的坚守，在中华民族几千年的文明创造史上留下了新的光彩夺目的篇章。

独句成段，更有强调的意味。邓稼先用无私奉献的崇高精神，阐释了共产党员先进性的重要内涵。作者用“理想党员”来评价邓稼先，为自己有这样的同学而自豪。

邓稼先是中国共产党的理想党员。

在邓稼先与奥本海默的对比中作者并没有就孰好孰坏、孰轻孰重进行区分，只是阐明奥本海默的性格特质更符合美国的文化和国情，而邓稼先的精神和品质体现了中国文化的精髓和核心。作者的高妙之处在于基于客观实际，巧妙进行对比，展现人物精神特质，体现不同文化背景。邓稼先与奥本海默是两个不同的人物，是两种不同文化的代表，所以他们能够代表自己国家的文化精髓，领导各自国家的原子弹事业取得成功。正如作者在文中所言：钱三强和葛罗夫斯，可谓真正有知人之明，因为他们不仅各自了解邓稼先和奥本海默的科学能力和水平，更了解本国的文化。在对比之中，读者清晰地感受到了邓稼先身上的“纯”字品格，对于深受中国传统文化影响的中国人而言，更增加了对邓稼先精神品质的认同，也更加深入地了解到中美文化的差异性。

我以为邓稼先如果是美国人，不可能成功地领导美国原子弹工程；奥本海默如果是中国人，也不可能成功地领导中国原子弹工程。当初选聘他们的人，钱三强和葛罗夫斯，可谓真正有知人之明，而且对中国社会、美国社会各有深入的认识。

民族感情？友情？

1971年，我第一次访问中华人民共和国。在北京，见到阔别了22年的稼先。在那以前，也就是1964年中国原子弹试爆以后，美国报章上就已经再三提到稼先是这项事业的重要领导人。

作为跟邓稼先阔别了22年的朋友，作者在第一次访问新中国时就跟他见了面。美国的报道“再三”提到邓稼先是原子弹试爆的“重要领导人”，这无疑让作者为这项事业的重要领导人邓稼先而自豪，更为中华民族的发展强盛而自豪。这份因为民族科学事业的发展和同为科学家的老朋友的自豪情感更能使读者为之动容。

与此同时还有一些谣言说，1948年3月去了中国的寒春曾参与中国原子弹工程。（寒春曾于40年代初在洛斯阿拉姆斯武器实验室做费米的助手，参加了美国原子弹的制造，那时她是年轻的研究生。）

当年美国谣传“在陕北”的美国物理学家寒春帮助中国研制了原子弹。根据史料可知，1948年，寒春从美国来到中国上海。1949年，寒春到达陕北。从来到中国开始，直到中国第一颗原子弹爆炸成功，寒春一直在公开活动，她所从事的工作更是与原子弹研制毫无关联。当中国原子弹爆炸成功后，寒春曾参与中国原子弹工程这一谣言明显带有贬低中国人的意味，因为在美国人看来，中国人是没有能力独立研制原子弹的。

1971年8月，我在北京看到稼先时，避免问他的工作地点，他自己只说“在外地工作”。但我曾问他，寒春是不是参加了中国原子弹工作，像美国谣言所说的那样。他说他觉得没有，但是确切的情况他会再去证实一下，然后告诉我。

为了澄清“寒春曾参与中国原子弹工程”这一谣言，杨振宁先生在1971年第一次访问新中国时，特意向中国原子弹研制领军人物，也就是他的好友邓稼先求证。杨振宁先生为什么要向邓稼先问起谣言一事？是因为这是关系到证明国家实力的重要问题，也说明旅居海外的作者对祖国的发展十分关切。而关于这个谣言，邓稼先回答“会再去证实一下”，表现出严谨求实的工作态度和作风。

1971年8月16日，在我离开上海经巴黎回美国的前夕，上海市领导人在上海大厦请我吃饭。席中有人送了一封信给我，是稼先写的，说他已证实了，中国原子武器工程中，除了最

邓稼先面对杨振宁的疑问，采取了谨慎严肃的态度，经过证实后，才正式回信，以正视听，及时消除朋友的担忧，可见两个人之间的默契。邓稼先正面回应美国谣言，确认了中国原子弹的研制没有任何外国人参与，这看起来是一件小事，但包含的信息量是非常大的：一是从正面表现了邓稼先实事求是的态度和坦荡的胸怀；二是从侧面表现了中国的原子弹完全是中国人自主设计、自主完成的，更加突出了邓稼先的贡献之大。

早于1959年底以前曾得到苏联的极少“援助”以外，没有任何外国人参加。

这封短短的信给了我极大的感情震荡。一时热泪满眶，不得不起身去洗手间整容。事后我追想为什么会有那样大的感情震荡：是为了民族而自豪？还是为了稼先而感到骄傲？——我始终想不清楚。

“短短”的信带给作者“极大”的感情震荡，其中的反差令人深思。作者已经无法保持理性平静，任由情感倾泻而出。这一点，也与邓稼先的朴实内敛形成了对比。邓稼先的回信为什么让作者热泪满眶？作者在文中用两个疑问句追问自己，并将“我始终想不清楚”后置，这样的语言形式设计凸显了作者复杂的难以说清的内心感受。有一个值得我们关注的小细节，前文对邓稼先的称呼有很多，这些称呼显示出邓稼先在作者心中的分量。但是，此时的称呼在作者看到这封信后发生了微妙的变化。“稼先”的称呼，是同学情，是兄弟情，是亲密的友谊，是感情的浓缩，也隐含民族大义的手足情。

“我不能走”

青海、新疆，神秘的古罗布泊，马革裹尸的战场，不知道稼先有没有想起过我们在昆明时

《吊古战场文》是唐代文学家李华创作的一篇描述古代战场荒凉凄惨，揭示战争的残酷以及给人民造成的苦难的文章。引用《吊古战场文》侧面表现了邓稼先的工作环

境之荒凉、艰苦，也含蓄地写出了研制“两弹”如同经历一场艰苦的战役。《吊古战场文》是作者和邓稼先大学时期在昆明一起背诵过的文章，“不知道稼先有没有想起”——作者以同学立场对工作中邓稼先的思想感情和行为进行想象和猜测，表达的是作者对故人的深切怀念和沉痛哀思。

一起背诵的《吊古战场文》：

浩浩乎！平沙无垠，夐不见人。河水萦带，群山纠纷。黯兮惨悴，风悲日曛。蓬断草枯，凛若霜晨。鸟飞不下，兽铤亡群。亭长告余曰：“此古战场也！常覆三军。往往鬼哭，天阴则闻！”

作者虽然与邓稼先有50年的友谊，但很长一段时间里分隔在大洋两岸，他对邓稼先工作的具体情况不是很了解。因此，作者调动自己的想象，对邓稼先工作中的心理和动作进行猜测。作者是真的不知道吗？其实是知道的！邓稼先在危险的工作中痛失同事的悲痛，邓稼先在复杂工作中面对的挑战和承担的责任，作者能够感同身受。多处“不知”，感情沉重，意味深长，表达的是一个科学家对另外一个承担重

也不知道稼先在蓬断草枯的沙漠中埋葬同事、埋葬下属的时候是什么心情？

“粗估”参数的时候，要有物理直觉；昼夜不断地筹划计算时，要有数学见地；决定方案时，要有勇进的胆

识和稳健的判断。可是理论是否准确永远是一个问题。不知稼先在关键性的方案上签字的时候，手有没有颤抖？

任的科学家的理解、怜惜和敬佩，写出了作者对逝去的挚友的深切关怀、感伤和悼念。

戈壁滩上常常风沙呼啸，气温往往在零下三十多摄氏度。

风沙、低温，再次点明工作环境的恶劣。

核武器试验时大大小小突发的问题必层出不穷。稼先虽有“福将”之称，意外总是不能完全避免的。1982年，他做了核武器研究院院长以后，一次井下突然有一个信号测不到了，大家十分焦虑，人们劝他回去，他只说了一句话：“我不能走。”

该节选取了核武器试验时大大小小突发问题中的一个事例进行叙述：井下突然有一个信号测不到了，担任研究院院长的邓稼先不顾劝说坚持待在一线。“我不能走”这句话简洁有力、掷地有声，突出了邓稼先临危不惧、身先士卒、勇于担当的精神。“不能走”不单是一种直面危险的勇气，更包含了作为院长、作为原子武器研制工程的重要领导人在危险面前主动担当、敢于献身的责任感和使命感。

假如有一天哪位导演要摄制《邓稼先传》，我要向他建议采用“五四”时代的一首歌作为背景音乐，那是我儿时从父亲口中学到的：

中国男儿
中国男儿
要将只手撑天空
长江大河
亚洲之东
峨峨昆仑
古今多少奇丈夫
碎首黄尘
燕然勒功
至今热血犹殷红

这首歌曲可作为邓稼先一生的写照，邓稼先正是“中国男儿”，是“奇丈夫”，他以“只手撑天空”的勇气与担当，以“碎首黄尘”甘为祖国献身的精神，以“燕然勒功”的报国豪情，为中华民族从任人宰割到“站起来”的百年巨变做出了巨大贡献。歌曲的引用表达了作者对邓稼先为祖国和人民而献身的崇高品质的赞扬。这里作者重点谈及的是背景音乐。作者建议用的背景音乐有以下特别之处：一是父亲一生都喜欢它，而父亲长期生活在乱世；二是它产生于“五四”时代，一个突进的变革时代；三是歌词大多具有中国文化因素，如“中国男儿”“长江”“昆仑”“奇丈夫”“燕然勒功”，让人热血沸腾。言外之意，用这样的背景音乐烘托邓稼先的爱国主义精神，表达作者对亡友的高度敬仰之情。

我父亲诞生于1896年，那是中华民族任人宰割的时代。他一生都喜欢这首歌曲。

杨振宁之父杨武之，一生从事数学教育，特别是在清华大学和西南联合大学执教并主持系务时期，培养和造就了两代数学人才，对中国现代数学的发展有很大的贡献。作者两次提及父亲，不仅把读者引入百年前的风云历史之中，还让读者窥见了时代洪流中更多中华儿女的爱国报国情怀。

永恒的骄傲

稼先逝世以后，在我写给他夫人许鹿希的电报与书信中有下面几段话：

这一部分总起，采用摘录书信的方式，从四个角度饱含真情地评价邓稼先，赞美了邓稼先的崇高精神。

——稼先为人忠诚纯正，是我最敬爱的挚友。他的无私的精神与巨大的贡献是你的也是我的永恒的骄傲。

“永恒”说明邓稼先对作者的影响之大。本句从朋友角度热情赞颂了邓稼先的忠诚无私和他对民族科学事业的巨大贡献，他值得朋友和亲人为之骄傲。

——稼先去世的消息使我想起了他和我半个世纪的友情，我知道我将永远珍惜这些记忆。希望你在此沉痛的日子里多从长远的历史角度去看稼先和你的一生，只有真正永恒的才是有价值的。

杨振宁与邓稼先有着50年的朋友深情。他们从小就有着深厚的情谊，长大后成为西南联合大学的校友，后又都赴美留学。获得博士学位后，两人就分开了，不过他们的友情却一直保持着，长达“半个世纪”。本段从正面描写出二人情谊之深、感情之厚。第二句话从历史的角度赞扬了邓稼先一生的贡献是“真正永恒的”，是有价值的。这不仅是老友角度的评价，更是站在中国历史发展中的至高评价。

——邓稼先的一生是有方向、有意识地前进的。没有彷徨，没有矛盾。

从人生道路的角度高度评价了邓稼先一生无私奉献、甘愿为祖国献身的崇高精神。

——是的，如果稼先再次选择他的人生的话，他仍会走他已走过的道路。这是他的性格与品质。能这样估价自己一生的人不多，我们应为稼先庆幸！

这句话总写了邓稼先的伟大之处：为中华民族的崛起，为广大人民的利益，奉献自己的一生，这是邓稼先的人生。走这样的人生道路，是邓稼先的性格与品质决定的，他至死不懈，亦至死不悔。

《邓稼先》这篇文章更像是杨振宁用饱蘸个人感情的笔墨，为邓稼先谱写的一篇富于抒情意味的微型传记。由于邓稼先本人的低调性格，也由于其所从事工作的保密性，以及政治、历史与现实的局限性，与邓稼先兼有同乡、同学、同行、同道等多种身份关系的杨振宁在写这位熟悉的陌生人时，能够采用的材料较为稀少，他只能另辟蹊径。文本之中，作为物理学家的杨振宁表现出了科学理性。与此同时，杨振宁又是一个热情澎湃的人，富有诗意的人，有理想色彩的人，面对邓稼先，他无法抑制自己长久蓄积的感情，于是与理性相伴的是文字描述中难以掩藏的深情厚谊。

首先，这是一篇至情文。至情，表现在作者对有着 50 年友谊的老朋友的至情，以及对中华民族的至情。例如，作者得知中国的原子武器研制工程没有任何外国人参加，完全是靠自力更生成功的，就激动得热泪盈眶。又如第五部分作者猜测邓稼先的心理和动作，多处“不知”表达了作者对邓稼先的一片深情。

其次，历史视野渗透文章始末。文章第一部分便是在民族的百年历史大背景中推出邓稼先，指出邓稼先对中华民族百年历史巨变做出了巨大贡献。第五部分开头作者引用唐代李华的《吊古战场文》说明邓稼先工作条件的艰苦，引导读者把眼光投射到历史深处。结尾处则引用“五四”时代的歌曲《中国男儿》，又一次把邓稼先的贡献置于广阔的历史背景中。在第六部分对人物进行总的评价时也表示要“从长远的历史角度”去看邓稼先的一生。将邓稼先放到长远的历史角度去看，他的生命具有永恒的价值，这是作者在文中想要传达给读者的。

最后，从民族情结的角度完整地刻画了人物形象。文章写了邓稼先的巨大贡献、生平经历，表现了邓稼先的气质、品格、科学精神、科学态度等，民族情结是作者的立足点。第一、二部分从民族历史巨变写人物的贡献；第三部分写民族传统文化孕育人物的性格和为人；第四部分则写人物强烈的民族自尊心和自豪感，从民族情感角度表现人物的性格特征；第五部分“我不能走”则着重表现人物的民族担当。

纵观全文，作者为邓稼先写传，讲述的是邓稼先和中华民族之间的故事，从民族情结出发塑造了一位朴实无私、具有奉献精神、勇于担当、甘愿为祖国献身的卓越的科学家。而这深沉的民族情结，又何尝不是深埋于作者杨振宁心中的呢？

说和做——记闻一多先生言行片段

崇高的品格，伟大的精神

作者◎臧克家

解读者◎姜小娜

标题的语言越朴实，就越能体现作者的真情实感。臧克家先生的语言在狂风暴雨里愈冲刷愈显鲜明，我们时时刻刻都能够感受到他即将喷薄而出的浓烈情感，这是他作为诗人的气质使然。然而，这份看似热情奔放的情感中又透露着理性的美，不夸张，不粉饰，既客观又满含深情，于是，闻一多先生就那样生动地站在我们面前。因此，读本文要带着盎然的诗意、严谨的理智、充沛的情感。你须不断回看、咀嚼、反刍，才能知晓本文的精妙。

说和做——记闻一多先生言行片段

崇高的品格，伟大的精神

“人家说了再做，我是做了再说。”

“人家说了也不一定做，我是做了也不一定说。”

引用闻一多先生的话作为开篇，也恰可作为作者的议论。以彼人之言评说彼人，开门见山，直接点题，实在精妙。采用对句的形式，将“人家”对“说和做”的态度与闻一多先生的态度进行了比较，更强调闻一多先生“做”的特点——“做了再说”“做了也不一定说”，这是叙述第一部分闻一多先生作为学者和诗人对于文学事业态度的纲领。

作为学者和诗人的闻一多先生，在30年代国立青岛大学的两年时间，我对他是有着深刻印象的。

臧克家在青岛大学学习时，闻一多在那里任教，二者是师生关系。臧克家在求学期间，接触的老师应该不少，但闻一多先生使他“印象深刻”，一定是因为闻一多先生有异于常人之处，作者才会有此感觉。

那时候，他已经诗兴不作而研究志趣正浓。

闻一多先生最初在现代诗歌方面成就斐然，20世纪30年代他却“诗兴不作”而转为研究，是何原因？仅仅是因为个人兴趣吗？读到此处不禁使人好奇心顿起。

他正向古代典籍钻探，有如向地壳寻求宝藏。

作者不用“研究”一词，而选用“钻探”，既形象地写出闻一多先生研究专一、坚持不懈的态度，含义也更加丰富。“向……钻探”叙述由静态变成动态，不再是客观地介绍，而是热情地称赞，让人眼前有了画面感，十分生动。此句妙在叙述语言抒情化。

仰之弥高，越高，攀得越起劲；钻之弥坚，越坚，钻得越锲而不舍。

此处仍用对句形式，能读出排比的气势来，展现出诗歌的韵律美。紧承上句而来，让人无法辨清是叙述还是议论，抑或是抒情。此句实现了以上三种表达功能，精妙地写出了闻一多先生刻苦钻研、不怕辛苦、孜孜不倦的求知精神，可见作者语言功底之深厚。

他想吃尽、消化尽我们中华民族几千年来的文化史，炯炯目光，一直远射到有史以前。

在“吃尽”“消化尽”中，“尽”字又显示了一种决心，一种令人敬服的求知精神。“吃”只是到嘴里，只能尝出些许味道，却不能真正化为己有，只有“消化尽”，才能真正转变为营养物质被吸收，两个词连用，将语义挖到底。谈及目光，仿佛闻一多先生赫然站在眼前，但又用暗喻，将这炯炯目光比作具有穿透力的射线，跨越时空，去发现那些不为人知的知识。

“衰微”准确形容了 20 世纪 30 年代的中国的状况。闻一多先生执着地、全身心地投入研究是希求向中华民族几千年的文化史求索，从根源上找到民族衰微的病因，从而达到救国的目的。在典籍中寻求解决民族衰弱的良药，医者慈心的比喻在此处有了更深层的含义。读到此处，我们前面的疑问终于消解——不只是兴趣的转投，更是闻一多先生的那份爱国情怀使然。医者，望闻问切，因此作者将闻一多先生研究的初期阶段称之为“望”。

他要给我们衰微的民族开一剂救济的文化药方。1930 年到 1932 年，“望闻问切”也还只是在“望”的初级阶段。

这句写出闻一多先生具体“做”的情形。“目不窥园，足不下楼，兀兀穷年，沥尽心血”，这些四字词语以整齐的句式、流泻的激情，热情地赞美了先生治学专注的程度，从头到脚，从时间到状态，颇为概括地写出先生扎实而忘我的“做”。

他从唐诗下手，目不窥园，足不下楼，兀兀穷年，沥尽心血。

言及头发和书桌，则为细节描写了。下文的吃饭、睡觉亦是如此，主要突出闻一多先生的忘我与专注。但这句“秩序不在我的范围以内”更有意思，这是一句未完之句，我们可以用本文的原句将其补充完整：“秩序不在我的范围以内”，“给我们衰微的民族开一剂救济的文化药方”

杜甫晚年，疏懒得“一月不梳头”。闻先生也总是头发凌乱，他是无暇及此。闻先生的书桌，零乱不堪，众物腾怨，闻先生心不在焉，抱歉地道一声：“秩序不在我的范围以内。”

才在我的范围以内。此时，我们细细品味前后句子，更能体会闻一多先生品格之伟大、精神之崇高。

饭，几乎忘记了吃，他贪的是精神食粮；夜间睡得很少，为了研究，他惜寸阴、分阴。

“贪”写出闻一多先生治学如饥似渴的状态；作者又自创“分阴”的单位，“分”是比“寸”更小的计量单位，如此更能表现出先生治学分秒必争的情状。同时，“贪”与“惜”又形成对照，一反一正，殊途同归，共同表现先生孜孜不倦、废寝忘食的治学精神。这些语言，都带着无限的崇敬与赞叹之情。

深宵灯火是他的伴侣，因它大开光明之路，“漂白了四壁”。

“漂白了四壁”出自闻一多诗作《静夜》，本身就带有诗情画意，此处写在“大开光明之路”之后，“漂白”一词便有了新意，其着意在先生转投研究古籍的目的上，突出其为国寻求文化出路的重大意义，是一种极高的称赞。

不动不响，无声无闻。

这一小句话不能忽略，“不响”“无声”正是“不说”，是第一段的“做了再说”吗？显然是“做了”，还做得极专注忘我，但“没说”，呼应了第二段中的“做了也不一定说”。再次回溯这句话，我们不禁恍然：闻一多先生的“不一定说”意在“不说”，“做”并不是为了“说”。因此，闻一多先生是为国奉献的实干家，不夸耀自诩。

用对照产生强烈反差，从而让读者真切感受到闻一多先生的治学状态。“一个又一个”和“密密麻麻”都表示数量，这么多的手稿，一如先生杂乱的书桌吗？在该整齐的地方，先生却一点儿也不马虎，“群蚁排衙”是个极生动形象的比喻，给人头皮发麻的感觉，这里反而是一种齐整洁净的感受，可知先生做研究真正是一丝不苟。

一个又一个大的四方竹纸本子，写满了密密麻麻的小楷，如群蚁排衙。几年辛苦，凝结而成《唐诗杂论》的硕果。

这既是对事实的叙述，也是作者的议论，照应了开头闻一多先生自己的话，所言非虚，夹叙夹议，更有说服力。

他并没有先“说”，但他“做”了。做出了卓越的成绩。

“也”字呼应开头“不一定说”，强调绝对的“不说”，闻一多先生对于自己具有开山意义的研究举措并不吹嘘自诩。成就的卓越与沉默的姿态对比，正是先生对“说和做”的态度和原则，这更突出他实干的精神和谦虚的美德。

“做”了，他自己也没有“说”。

“又”转承过渡，由第一则材料，即闻一多先生对唐诗的研究转入对楚辞的研究。

他又由唐诗转到楚辞。

十年艰辛，一部《校补》赫然而出。别人在赞美，在惊叹，而闻一多先生个人呢，也没有“说”。

“十年”表现时间之长、艰辛程度之深，此词足可见先生坚韧的决心了。此时，在古籍研究方面，先生已成绩斐然，别人已经在“说”了，先生还是没有“说”，没有依从大家顺理成章地赞一赞自己，这个“不说”显然较研究唐诗时的“不说”更进一层，难度也更大。

他又向“古典新义”迈进了。他潜心贯注，心会神凝，成了“何妨一下楼”的主人。

“又”字体现了闻一多先生的永不停歇、勇往直前。闻一多在西南联大工作早期很少下楼，被称为“何妨一下楼”的主人，这自然是一种对他全神贯注于研究的幽默戏称，却比千言万语更有分量。

做了再说，做了不说，这仅是闻一多先生的一个方面，——作为学者的方面。

总结句，再次强调了闻一多先生力戒空言、崇尚实干的学术精神。此句照应开头，使文章的结构更严谨，形成了一种旋律、一种气势，增强了文章的感染力。

闻一多先生还有另外一个方面，——作为革命家的方面。

本段与下一段相连，把闻一多先生作为革命家与学者的不同情况简明地罗列出来，开启了本文的另一部分。

本段与上文连缀紧密，过渡自然，脉络清晰可见。

这个方面，情况就迥乎不同，而且一反既往了。

如果前一部分中学者闻一多的重点是“做”，这一部分的革命家闻一多的重点就变成了“说”，那是否前后不一致呢？我们一定要看闻一多先生说了什么，对谁说，这个“说”又有何新的内涵。

作为争取民主的战士，青年运动的领导人，闻一多先生“说”了。

“起先”“后来”表明时间在推移；从“小声说”到“声音越来越大”再到“大喊”，表明说的决心和勇气越来越坚定；再来看“说”的对象，从“昆明的青年”到“全国人民”，由一小部分人扩大到全国人民，可见闻一多先生“说”的全面，“说”的彻底！他“说”了什么？“说”的是自己的政治主张，“说”的一以贯之，初心不改，体现了先生革命决心之坚定、革命热情之高涨。可见此处“说”的含义也发生了变化，非是“吹嘘”“夸耀”，而是“革命宣讲”。

起先，小声说，只有昆明的青年听得到；后来，声音越来越大，他向全国人民呼喊，叫人民起来，反对独裁，争取民主！

他在给我的信上说："此身别无长处，既然有一颗心，有一张嘴，讲话定要讲个痛快！"

在给作者的信中，有关于闻一多先生"说"的具体阐述，读来令人感觉酣畅淋漓。结合当时的时代背景看，先生敢说，敢呼号，一颗爱国的赤诚之心，一片大无畏的英雄气概展现得淋漓尽致。

他"说"了，跟着的是"做"。这不再是"做了再说"或"做了也不一定说"了。现在，他"说"了就"做"。

本段语言有所反复，意在强调"说了"就"做"，写得很自然，仿佛是理所应当，这对革命家闻一多来说就是一种理所应当，革命更须言行一致。作为革命家，闻一多的"说"，是对于革命的宣传和动员，是对反动派的揭露和斥责，实际上不但是"言"，也是"行"了。

言论与行动完全一致，这是人格的写照，而且是以生命作为代价的。

闻一多先生的"说"就是"做"，"做"就是"说"，实际上都可归结为他的"做"。此处"做"也已升华，因为这样的"说"和"做"在当时的社会背景下有诸多不易，敢说敢做，须敢以生命为代价，这并不是具备专注和勤奋就能做到的，在这一抹血色的底色下，闻一多先生以"虽九死而未悔"的决心"说"着，"做"着，表现了他在民主斗争中高度的责任感和言行一致的品格。

这件具体事例就是闻一多“做”的明证，与上文他的呼喊相照应。“政治传单”是“做”，是革命斗争的实践，也可以称之为一种特殊的“说”。至此处，革命家闻一多先生的“说”和“做”合二为一，无法分清了，再次印证了他言行一致。

1944年10月12日，他给了我一封信，最后一行说：“另函寄上油印物二张，代表我最近的工作之一，请传观。”

这是为争取民主，反对独裁，他起稿的一张政治传单！

要知一个人的“做”和“说”有多么伟大，只要看他是在何种情况下“说”和“做”的！李公朴被暗杀三天之后，在云南大学举行的李公朴追悼大会上，闻一多先生不顾惜自身的安危，毅然拍案而起，毫无惧色，充分体现了先生的英勇无畏。在群众大会上发表演讲时，先生连说两句“你们站出来”，表达当时出于愤怒的澎湃的内心情感，体现了先生正气凛然的革命斗士的形象。“你们”一词，表明先生就算知道现场有威胁自己生命的特务在，也仍然大喊出来。如是“说”着，“做”着，是多么壮烈！短短的两句话，读者已觉身在现场，浑身振奋，同仇敌忾！这正是闻一多先生演讲的魅力，也是作者精选这两句话的原因。

在李公朴同志被害之后，警报迭起，形势紧张，明知凶多吉少，而闻先生大无畏地在群众大会上，大骂特务，慷慨淋漓，并指着这群败类说：“你们站出来！你们站出来！”

他“说”了。

此句读来大快人心，作者不愧是诗人出身。三个字结束一句话，斩钉截铁，气势十足。这是对上文痛快利落的总结。

说得真痛快，动人心，鼓壮志，气冲斗牛，声震天地！

结构相同的叠加，形成反复，读起来有节奏、有力量，自然、有激情且慷慨。句末以感叹号结束，作者对闻一多先生深厚、浓郁的感情更加强烈。细数全文，感叹号一共出现了六次，先生情动于中而发乎外，作者也情不自禁地用这样充满力度和情感浓度的语言，向我们展现了一个炽热的革命家形象。

他“说”了：“我们要准备像李先生一样，前脚跨出大门，后脚就不准备再跨进大门。”

他“做”了，在情况紧急的生死关头，他走到游行示威队伍的前头，昂首挺胸，长须飘飘。他终于以宝贵的生命，实证了他的“言”和“行”。

这两段既是具体语言的引用，也是印证先生言出必行最好的体现。前一段是先生自己的语言，从中我们再次感受到，他做出这样的行为之前早已做好赴死的准备，视死如归，无所畏惧。于是在进行革命斗争的时候，先生身先士卒，“昂首挺胸，长须飘飘”是对先生行为的细节描写，此处先生既有学者的儒雅气质，又有革命者慷慨凛然的激情。闻一多先生心怀大义，心系国家命运，从容无畏，用生命来印证自己的“言”和“行”。

“卓越”“热情澎湃”“大勇”高度概括了闻一多先生在不同领域的杰出成就，对全文内容进行了总结，无论是哪一种身份，闻一多先生都堪称典范。

闻一多先生，是卓越的学者，热情澎湃的优秀诗人，大勇的革命烈士。

两句话形成对举，语气更加强烈，情感更加深厚，同时点明全文的中心，无论是学者闻一多“做了再说，做了不说”的实干和谦逊的学术美德，还是革命家闻一多“说”了就“做”的言行一致、无所畏惧的革命大义精神都不曾改变。因为言行一致的背后是爱国救国的志向。两个部分通过如此关联有力地把闻一多先生言行如一的高尚品格和肩挑民族大义的爱国形象淋漓尽致地展现出来。

他，是口的巨人。他，是行的高标。

《说和做——记闻一多先生言行片段》严格来讲并不是一篇人物传记，却记叙了闻一多先生的主要事略，表现了他崇高的品格，高度赞扬了他的革命精神。

本文结构严谨是一大亮点。前半部分写闻一多先生“做了再说，做了不说”，表现闻先生“学者方面”实干和谦逊的学术美德；后半部分写闻一多先生“说”了就“做”，言行完全一致，表现闻先生“革命家方面”正气凛然、视死如归的革命精神。两部分衔接紧密，又过渡自然，使文章更为精致。

以“说和做”缀连起闻一多先生言行片段，是本文主要的写作特色。阅读时，特别要注意把握全文是一个整体的阅读理念。作者在写闻一多先生作为学者和诗人时，侧重写闻一多先生以学者“锲而不舍”学术研究的实干态度，弘扬他想为中华民族开一剂文化药方的精神追求。作者为此在语言艺术的营造上煞费苦心：在叙述闻一多先生埋头于学术研究时，避免了长篇累牍的叙述造成的语言上的拖沓，精心选择四字词语，如“目不窥园”“足不下楼”“兀兀穷年”“沥尽心血”等，既准确描写了先生皓首穷经地做研究而不顾其他的生活状态，又使得叙述节奏富于韵律感，读起来不显得枯燥乏味。在叙述层次上，作者也特别注意叙述详略的不同搭配，用以层层演进闻一多先生作为学者的态度。写闻一多先生研究唐诗是详细叙述，重在以诗意般语言表现先生“做了再说，做了不说”的态度，特别是以书桌凌乱、灯光漂白墙壁等意象表现先生专注、惜时的精神。此外，值得一说的是作者对材料剪裁得当，叙述闻一多先生的学术成果以知名度较高的《唐诗杂论》为重点，表现先生的研究精神，又简略交代较为冷僻的《楚辞校补》《古典新义》学术成就。这样剪裁材料突出人物的主要精神，避免重复拖沓，实在值得我们细细品味。

闻一多先生前期潜心于学术，后期投身于民主运动，这反映了他对社会认识的变化。因此后半部分主要描写革命家闻一多。这部分也选用了三个材料，起稿政治传单、群众大会演说、参加游行示威。三个材料除了具体实施的革命行为不同，先生的行为所涉及的对象也不同，由政治传单的传观对象“我”到先生痛斥的对象特务，再到先生走在游行示威队伍的前头为其发声的在爱国运动中死难的烈士。面对三类不同的对象，先生始终正义凛然、爱憎分明。“他说了，就做了”，言行一致，慷慨激昂，可以说，这部分“说”就是“做”，“做”也是“说”，这里的“说”，是对于革命的宣传和动员，是对反动派的揭露和斥责，这也是先生进行民主革命斗争的“做”。

在材料的使用上，作者根据表现中心的需要，有取有舍，有繁有简。如写闻先生研究唐诗，作者并没有写他研读了哪些书籍，发掘了哪些新意，而是着重写他研究的目的和态度。再如先生的“最后一次演讲”及其被害经过，是人们熟知的，因而作者就不再对事实经过作过多的记述，而只是反复强调“凶多吉少”的紧急形势，以及撷取“演讲”中最“慷慨淋漓”的“你们站出来”这一句话，描绘先生在游行示威队伍前头“昂首挺胸，长须飘飘”的从容姿态，从而突出了闻一多先生的大无畏革命精神。综上所观，作者对材料的使用和剪裁功力深厚。

当然，仅仅这些特色，还不足以使文章如此精彩。

本文语言的凝练精美，情感的充沛自然才是灵魂。作为闻一多先生的高足，臧克家本身就是诗人，无论是修辞手法的运用还是语言意义的表达，作者都能做到游刃有余。同时，文中一些成对的句子，读起来朗朗上口，铿锵有力，富于音乐美。此外，我们时常分不清其中语句究竟是叙述，是议论，还是抒情，就连平常的白话都会变得不平常，如若不是作者对老师闻一多先生发自内心的敬仰、叹服之情贯穿文中，是万不会有此表达效果的！

总的来说，文章写得短而精粹，全文虽只有一千多字，但事例典型，结构严谨，抒情、议论内涵丰富精当，语言富有诗意美，突出地表现了闻一多先生思想品格的最本质特征，不是人物传记，胜似人物传记。情感的深邃，使这篇文章充满了感人的力量。

回忆鲁迅先生（节选）

悠远的哀思，深沉的怀念

作者◎萧红

解读者◎王玲

萧红的成长与鲁迅先生的关怀和引导分不开。品读本文时，我们可以跟随作者独有的细腻笔触，一览伟大的文学家鲁迅先生的生活细节，读出一个更真实的、富有人情味的、生活化的鲁迅形象。全文的字字句句，都融入了萧红作为女作家特有的细腻、纯真，流露着悠远的哀思、怀念与深沉的崇敬和热爱。在细读这篇文章的过程中，我们可以先对文章的主要内容进行概括，进而感受鲁迅先生对待家人、对待朋友、对待青年读者、对待生活、对待工作的态度；然后通过揣摩语句，品味细节描写，体会作者在平实的描写中蕴含的对鲁迅先生的爱戴、怀念之情。

回忆鲁迅先生（节选）

悠远的哀思，深沉的怀念

鲁迅先生的笑声是明朗的，是从心里的欢喜。若有人说了什么可笑的话，鲁迅先生笑得连烟卷都拿不住了，常常是笑得咳嗽起来。

> 从鲁迅先生的笑声写起，读来颇有“未见其人，先闻其声”的感觉。用“明朗”来形容鲁迅先生的笑，并且进一步说明他的笑是发自心里的欢喜，刻画出了鲁迅先生乐观爽朗的性格。“连烟卷都拿不住了”“笑得咳嗽起来”，一系列的动作将先生的性格特征表现得生动细致。

鲁迅先生走路很轻捷，尤其使人记得清楚的，是他刚抓起帽子来往头上一扣，同时左腿就伸出去了，仿佛不顾一切地走去。

> “鲁迅先生走路很轻捷”，可以想见鲁迅先生身形略瘦，步态轻盈。“抓”“扣”“伸”“走”，一连串动作干净利落，戴帽与起步同时进行，再搭配“刚”“同时”“仿佛不顾一切”几个修饰语，传神地把鲁迅先生干练、敏捷的性格特征表现了出来。

在鲁迅先生家里做客人，刚开始

> 一个年轻的东北姑娘，从遥远的关外来到举目无亲的上海。一颗对未来充满着憧憬的心也因几年的流浪生活的打击变得已经冰冷了。然

是从法租界来到虹口，搭电车也要差不多一个钟头的工夫，所以那时候来的次数比较少。

而，当她遇到鲁迅先生以后，她的希望之火重新燃起。鲁迅对于萧红来说，是伯乐，是恩师，是慈父，亦是知己。因此，萧红十分珍惜与鲁迅的这份情谊，珍惜初时因路途较远而次数不多的拜访鲁迅的机会。

还记得有一次谈到半夜了，一过十二点电车就没有的，但那天不知讲了些什么，讲到一个段落就看看旁边小长桌上的圆钟，十一点半了，十一点四十五分了，电车没有了。

电车末班车的收班时间总在提醒着热聊中的作者不停看向“旁边小长桌上的圆钟”，“十一点半了”，“十一点四十五分了”，“电车没有了”，精准罗列时间节点，可见那晚话题的推进与时间的飞逝带给作者的印象深刻。萧红的成长与鲁迅先生的欣赏和帮助是分不开的。鲁迅先生是十分愿意与年轻人交谈并提供指导的，而作者也沉浸在这样的珍贵交流中并获益良多。

“反正已十二点，电车已没有，那么再坐一会儿。”许先生如此劝着。

“许先生”指的是鲁迅先生的伴侣许广平，也是后文中“海婴公子”的母亲。从她顺势而为的劝说中，我们可以想见那一定是一个相谈甚欢的夜晚吧。

鲁迅先生好像听了所讲的什么起了

细节描写最能体现人物的特点。“安顿地举着象牙烟嘴”这个细节就好像是一个定格的特写镜头，为读者展现了思考者鲁迅的形象。他完全沉浸在思考当中，长时间保持一个动作，连烟嘴都忘了放下。

幻想，安顿地举着象牙烟嘴在沉思着。

从鲁迅先生的两次嘱咐可以看出，他一方面考虑安全问题，另一方面也体恤年轻人收入有限，特别交代许先生代为支付车费。可见，鲁迅先生对如“我”一般的年轻学生是极为关怀和照顾的，他既是良师，亦是长者的形象跃然纸上。

一点钟以后，送我（还有别的朋友）出来的是许先生，外边下着小雨，弄堂里灯光全然灭掉了，鲁迅先生嘱咐许先生一定让坐小汽车回去，并且一定嘱咐许先生付钱。

搬来北四川路之后的萧红更是成为鲁迅先生家里的常客，“每夜饭后必到大陆新村”，强调来先生家已经是常态。天气晴好的时候如此，刮风下雨时也是如此，风雨无阻，几乎从不间断，足见先生一家给予年轻作者的温暖与归属感，如家人一般。

以后也住到北四川路来，就每夜饭后必到大陆新村来了，刮风的天，下雨的天，几乎没有间断的时候。

出生于浙江绍兴的鲁迅先生却“很喜欢北方饭”，这里还交代了他的饮食喜好：喜欢油炸食品和硬的东西。“喜欢吃硬的东西”暗示鲁迅先生刚硬的性格。不过，他对

鲁迅先生很喜欢北方饭。还喜欢吃油炸的东西，喜欢吃硬的东西，

就是后来生病的时候，也不大吃牛奶。鸡汤端到旁边用调羹舀了一二下就算了事。

于牛奶、鸡汤这样比较营养和精细昂贵的食物却不是特别追求，哪怕是在生病的特殊时期。平淡的语言，让我们读到一个不大一样的平易近人的鲁迅形象。

有一天约好我去包饺子吃，那还是住在法租界，所以带了外国酸菜和用绞肉机绞成的牛肉，就和许先生站在客厅后边的方桌边包起来。海婴公子围着闹得起劲，一会儿把按成圆饼的面拿去了，他说做了一只船来，送在我们的眼前，我们不看它，转身他又做了一只小鸡。许先生和我都不去看它，对他竭力避免加以赞美，若一

这里回忆起一次去先生家包饺子的经历。北方美食的代表就是饺子。她还清晰地记得那时还住在法租界，所以带来的是属于法租界的“特产”——“外国酸菜和用绞肉机绞成的牛肉”，还记得许先生站在客厅内的具体位置，也许的确是因为那天的经历实在让作者印象深刻，平淡文字中的温馨折射出独属于女作家的细腻情感。这里细致描写了“我”和许先生一起包饺子的情景。其间，海婴公子围着闹得起劲，极尽能事地“求关注”，但大人们并未随他心意，怕赞美起来他更起劲。这样其乐融融的温馨场景一定多少抚平了萧红内心孤独的心绪吧。

赞美起来，怕他更做得起劲。

日落时分，天色渐晚，体感微凉，本该添件衣裳。但或许是要包的饺子还不少，也或许是聊天的氛围太融洽，这家一般的温暖冲淡了身体的“寒凉”之感，使得作者并“没有加衣裳去”。

客厅后没到黄昏就先黑了，背上感到些微的寒凉，知道衣裳不够了，但为着忙，没有加衣裳去。

包完饺子才发现包的“数目并不多”，“这才知道”有恍然之感，原来大家沉浸于谈话中，竟没有花太多的注意力在主要“工作”——包饺子上！今天不是约来包饺子吃的吗？什么话题这样有趣使得她们都快忘了“正事”呢？

等把饺子包完了看看那数目并不多，这才知道许先生我们谈话谈得太多，误了工作。

什么样的话题这样引人入胜呢？作者在这里对于“主要工作”包饺子的细节没有进行详尽描述，却对许先生的过往经历一一罗列：离家、读书、为着勤工俭学而求职等故事令她记忆犹新。尤其是许先生去考家庭教师的经历，让作者觉得格外有趣。许先生从好几十名竞争者中脱颖而出，过程可谓不易了，我们

许先生怎样离开家的，怎样到天津读书的，在女师大读书时怎样做了家庭教师，她去考家庭教师的那一段描写，非常有趣，只取一名，可是考了好几十

名，她之能够当选算是难的了。指望对于学费有点补足，冬天来了，北平又冷，那家离学校又远，每月除了车子钱之外，若伤风感冒还得自己拿出买阿司匹林的钱来，每月薪金十元要从西城跑到东城……

也能从侧面看出许先生的优秀。可原本是指望这工作能多少贴补些学费的用度，结果天寒路远，除了要贴上车费,还要贴上伤风感冒的药钱，实在是有些“得不偿失”了，无怪乎这段经历成为包饺子时的“趣谈”，可见当晚话题给作者的深刻印象。同时也展现了许先生是一个能吃苦的知识女性形象，这样一个坚强的女子,不仅是鲁迅先生的生活伴侣，也心甘情愿地成为鲁迅先生的事业助力。他们心灵契合，关系融洽，写许先生的为人也从侧面烘托了鲁迅先生的形象。

饺子煮好，一上楼梯，就听到楼上鲁迅先生明朗的笑声冲下楼梯来，原来有几个朋友在楼上也正谈得热闹。那一天吃得是很好的。

这里再次写到了鲁迅先生的“笑声”，而且用了一个“冲”字，写出了鲁迅先生的笑带来的冲击力，既体现出他爽朗的个性，也表现出他对朋友的热情，极有感染力。

以后我们又做过韭菜合子，又做过荷叶饼，我一提

除了包饺子的这次独特经历，作者还来鲁迅先生家一起做过韭菜合子、合叶饼等北方美食。但凡作者一提议，鲁迅先生必然支持，哪

怕作者做得并不好，可鲁迅先生总是愿意扮演一名宽容的食客。这一句话描写了鲁迅先生的动作和语言，颇具幽默感的互动既表现出他对伴侣的尊重和爱意，更表现出他对厨艺不精的“我”的体恤和鼓励。

议，鲁迅先生必然赞成，而我做得又不好，可是鲁迅先生还是在饭桌上举着筷子问许先生：“我再吃几个吗？”

对于亦师亦友的鲁迅先生，作者是极为尊重和关心的，她记得鲁迅先生的“胃不大好”，甚至连他每顿饭后要吃的胃药丸名称都记得清清楚楚，从这个细节中我们也能读出一种细腻而深刻的情感。

因为鲁迅先生的胃不大好，每饭后必吃“脾自美”胃药丸一二粒。

《海上述林》是无产阶级革命家、中国共产党早期领导人瞿秋白的译文集。在瞿秋白被国民党杀害后，由鲁迅搜集、编辑，分上下两卷出版。“转”“向”“微微站”，连续几个动词，真实还原了鲁迅先生当时的表现，一个专注工作、谦和待人的鲁迅先生形象展现在我们眼前。

有一天下午鲁迅先生正在校对着瞿秋白的《海上述林》，我一走进卧室去，他从那圆转椅上转过来了，向着我，还微微站起了一点。

鲁迅先生反复说着“好久不见”，且一边说着一边冲“我”点头，可以想象当时的“我”看到先生这样反应的不解与错愕的表情，“我”心中满是疑惑。

“好久不见，好久不见。”一边说着一边向我点头。

刚刚我不是来过了吗？怎么会好久不见？就是上午我来的那次周先生忘记了，可是我也每天来呀……怎么都忘记了吗？

这里的“周先生”指的也是鲁迅先生，鲁迅先生原名周樟寿，后改名周树人。“鲁迅”是他1918年发表《狂人日记》时所用的笔名，也是最为广泛使用的笔名。此处对鲁迅先生的语言描写和对自己的心理描写很有画面感，明明“每天来呀”，怎么就“好久不见”了？可见当时对于先生的话作者是极为疑惑的。

周先生转身坐在躺椅上才自己笑起来，他是在开着玩笑。

这一处又写到了鲁迅先生的“笑”，生动形象地刻画出了鲁迅先生开玩笑的样子。还没把别人逗乐，自己倒先忍不住笑起来，这时的先生不再是那个“横眉冷对千夫指”的革命战士，亲切随和得就像我们身边一个普普通通的长者。

梅雨季，很少有晴天，一天的上午刚一放晴，我高兴极了，就到鲁迅先生家去了，跑上楼还喘着，鲁迅先生说：“来啦！”我说：“来啦！”

南方的天，梅雨季最是难熬，梅雨季的晴天才最是难得，总令人心情愉悦。关联词的运用，“跑”和“喘”的动作，无不透露着“我”想与鲁迅先生和许先生分享快乐情绪的急切心情。接下来的对话描写也很鲜活，打招呼的语句极简，“来啦”两个字就好，关系的亲近如在眼前。

我喘着连茶也喝不下。

鲁迅先生就问我：“有什么事吗？”

我说：“天晴啦，太阳出来啦。”

见“我”“喘着连茶也喝不下”，鲁迅先生便好奇“我”有什么事，“我”只回答“天晴啦，太阳出来啦”。这样急，原也不是什么极要紧的事，就是想在久违的晴天第一时间分享欢喜的心情，两个“啦”字的运用，轻松愉悦的情绪无需多言，从中我们亦可读出作者对鲁迅先生一家的亲近之感。

许先生和鲁迅先生都笑着，一种对于冲破忧郁心境的展然的会心的笑。

这里再次写到鲁迅先生的“笑”。“对于冲破忧郁心境的”可以理解为对多日阴雨后初见太阳的欢欣，也可以理解为对生活、对社会的希望。“展然的”写出笑的舒展、毫不掩饰、令人舒坦。“会心的”则体现了鲁迅先生与夫人许先生之间的心有灵犀。三层修饰，鲁迅先生爽朗亲切的形象就跃然纸上了。

青年人写信，写得太草率，鲁迅先生是深恶痛绝之的。

从鲁迅先生“深恶痛绝”的态度中，我们能读出先生对青年有着很高的期望，对青年“爱之深，责之切”，更表现出先生对民族未来的希冀。

“字不一定要写得好，但必须得使人一看了就认识，

对于读者来信，鲁迅先生是很重视的，对于信纸上的字迹也是极在乎的。鲁迅先生说“字不一定要写得好，但必须得使人一看了就认识”，其实已经算是降低了标准。

青年人现在都太忙了……他自己赶快胡乱写完了事，别人看了三遍五遍看不明白，这费了多少工夫，他不管。反正这费的工夫不是他的。这存心是不太好的。”

但无奈写信的青年人都太忙了，静不下心来认真书写，“自己赶快胡乱写完了事”，有时需要读信的人翻来覆去读上三遍五遍，费时费力最后却也看不明白。写的人是省时省力了，读信的人却不知道要浪费多少时间，但那些青年人落笔时定没有想这么多，难怪鲁迅先生要埋怨几句了。先生的怨念更多地让我们看到一个严苛又有些和蔼的长者形象，他总是期待青年人能以更高的标准要求自己。

但他还是展读着每封由不同角落里投来的青年的信，眼睛不济时，便戴起眼镜来看，常常看到夜里很深的时光。

“展读”“每封”“不同角落”这些用词无一不表现出来信数量之多以及鲁迅先生对每封来信的重视。读到眼睛酸痛难耐时，哪怕戴起眼镜也要坚持看完，经常看到深夜时分。这里我们可以读到一个严谨、认真的作家形象，同时也可以读出鲁迅先生对于青年读者的耐心与宽容。

鲁迅先生的原稿，在拉都路一家炸油条的那里用着包油条，我得到了一张，是译《死魂灵》的原稿，

这里写到鲁迅先生不在意自己的手稿和用过的校样，其原稿被“一家炸油条的那里用着包油条”，那可是“译《死魂灵》的原稿”啊！以我们今天的眼光看，先生的翻译原稿难道不应该出现在鲁迅纪念馆的玻璃展台之中，或者被哪位忠实

读者细心收藏，待朋友来访之时拿出来显摆一番，怎么能拿来包油条？！难怪许先生很生气，可是鲁迅先生却“不以为稀奇”。

写信告诉了鲁迅先生，鲁迅先生不以为稀奇。许先生倒很生气。

终于等到要出版了，鲁迅先生却将“出书的校样，都用来揩桌子，或做什么的”，甚至把校样拿来给客人擦手。客人们接到手里，发现居然是先生出书的校样，都表示难以置信，不能接受。可先生却毫不在意，硬要大家擦一擦手。在他看来，这些校样是些寻常的废纸，不如拿来二次利用一下，发挥其“余热”。从中我们不难看出鲁迅先生的独树一帜，不拘小节，可谓“圣贤自有中正之道”。

鲁迅先生出书的校样，都用来揩桌子，或做什么的。请客人在家里吃饭，吃到半道，鲁迅先生回身去拿来校样给大家分着，客人接到手里一看，这怎么可以？鲁迅先生说：“擦一擦，拿着鸡吃，手是腻的。”

翻译手稿与用过的校样，对鲁迅先生自己来说，只是日常生活中的东西罢了，没有什么了不起的。

到洗澡间去，那边也摆着校样纸。

许先生每天都愉快地忙碌着，一刻也闲不下来。寥寥几句，如简笔画一般把许先生从早晨忙到晚上的极平常、极具生活气息的画面勾

许先生从早晨忙到晚上，在楼下陪客人，一边还手里

打着毛线。不然就是一边谈着话，一边站起来用手摘掉花盆里花上已干枯了的叶子。

勤出来，让人读来温暖而充实，仿佛这样的她并非一位学识渊博的先生，或是伟大作家鲁迅先生的伴侣之类的身份，而是亲切如大家身边的某一位勤劳的邻家大嫂，总能给人以踏实与温情。

许先生每送一个客人，都要送到楼下的门口，替客人把门开开，客人走出去而后轻轻地关了门再上楼来。

来了客人还要到街上去买鱼或鸡，买回来还要到厨房里去工作。

作者将许先生如何送客写得很细致。“每”“都”“替”“轻轻地关了门”等词语和细致的动作描写，无一不表现出许先生对每一位客人都热情体贴，送客时的礼数都极周全，颇具谦谦君子之风。而后面来了客人，她“还要到街上买鱼或鸡”，然后“还要到厨房里去工作”，可见许先生还要继续忙碌，事事亲力亲为，毫无怨言。

鲁迅先生临时要寄一封信，就得许先生换起皮鞋子来到邮局或者大陆新村旁边的信筒那里去。落着雨的天，许先生就打起伞来。

这里写到许先生落雨天打伞去帮鲁迅先生寄信，与前文的这些极具生活气息的画面罗列在一起，无一不展示出鲁迅先生和谐的家庭氛围，写出二人之间的亲密融洽。

许先生是忙的，许先生的笑是愉快的，但是头发有些是白了的。

许先生日常生活忙碌而充实。这里也写到许先生的“笑”，其笑容散发着愉悦且充实的气息。作者还关注到许先生的“头发有些是白了的”，多年辛劳催人老，此刻的许先生正如一个温婉慈祥的长者。

夜里去看电影，施高塔路的汽车房只有一辆车，鲁迅先生一定不坐，一定让我们坐。许先生，周建人夫人……海婴，周建人先生的三位女公子。我们上车了。

这里记录了一次与鲁迅先生家人及朋友去看电影的经历。周建人是鲁迅先生的胞弟，也是著名的社会活动家、生物学家。“女公子”就是女儿，是一种尊称。去看电影，因只有一辆车，鲁迅先生便“一定让我们坐”。这里的“我们”指的是包括作者在内的一众女宾及孩子。从中可见鲁迅先生是一位温文尔雅的绅士。

鲁迅先生和周建人先生，还有别的一二位朋友在后边。

一众女宾和孩子们都被谦让着乘车离去了，余下的男士们则选择步行，毕竟“女士优先”嘛。

看完了电影出来，又只叫到一部汽车，鲁迅先生又一定不肯坐，让周建人先生的全家坐着先走了。

“又只叫到一部汽车”，“又一定不肯坐”，两个“又”字连用，有强调意味。此处记录了鲁迅先生去看电影的往返路上两次让车的经过，可见先生体恤他人，待人谦和。

鲁迅先生旁边走着海婴，过了苏州河的大桥去等电车去了。等了二三十分钟电车还没有来，鲁迅先生依着沿苏州河的铁栏杆坐在桥边的石围上了，并且拿出香烟来，装上烟嘴，悠然地吸着烟。

让周建人先生的全家坐车先走后，鲁迅先生自己则带着海婴去等电车。电车久等不来，鲁迅先生并不着急，也并不恼，他顺势便“依着沿苏州河的铁栏杆坐在桥边的石围上了”。对于生活中的一些偶然和间隙，鲁迅先生总是可以坦然地接受及面对。趁着这样的空档，他习惯性地抽出一支烟“悠然地吸着”，一个“悠然”写出鲁迅先生的淡然与随遇而安。也许此刻的先生正趁着这样的碎片时间进行下一篇作品的构思吧。

海婴不安地来回乱跑，鲁迅先生还招呼他和自己并排地坐下。

鲁迅先生坐在那儿，和一个乡下的安静老人一样。

活泼的孩子却很难安静下来，经过长时间的等待，小海婴肯定更加焦急难耐，只能来回乱跑着。鲁迅先生招呼他并排坐下，享受一会儿难得的悠闲亲子时光。这里我们可以读到一个慈爱的父亲形象，与平日里严肃的鲁迅先生大不一样。而此刻的鲁迅先生“坐在那儿和一个乡下的安静老人一样”，更是把先生平易可亲的形象勾勒出来。

鲁迅先生的休息，不听留声机，不出去散步，也不倒在床上睡觉，鲁

鲁迅先生的休息方式是读书。不同于听留声机、出去散步、倒在床上睡觉这几种我们所认为的寻常的休息方式，对于鲁迅先生来说读书才是最佳的放松心情的方式。这方

式的确与众不同，可以看出鲁迅先生果真是极爱读书的。

迅先生自己说："坐在椅子上翻一翻书就是休息了。"

作者不厌其烦地罗列下午及晚上两个时间段陪客人的情景，意在强调鲁迅先生陪伴客人时间的漫长，从下午一直持续到深夜，同时强调了来鲁迅先生家做客的人数之多，络绎不绝。从中我们可以读出鲁迅先生因其作品与人格力量在当时文学界所具有的举足轻重的地位，更能读出先生愿意花自己的时间来帮助、提携后辈青年的无私精神。而这么久的时间里，鲁迅先生总保持着相同的姿态，那便是"坐在藤躺椅上，不断地吸着烟"。这里再次提到鲁迅先生吸烟的样子。也许是为提神，也许是为激发写作灵感，鲁迅先生是偏爱香烟的。想象一下那场景，仿佛我们曾经见过的鲁迅先生的画像一般，定格在年轻作家萧红的脑海里。

鲁迅先生从下午两三点钟起就陪客人，陪到五点钟，陪到六点钟，客人若在家吃饭，吃过饭又必要在一起喝茶，或者刚刚喝完茶走了，或者还没走就又来了客人，于是又陪下去，陪到八点钟，十点钟，常常陪到十二点钟。从下午两三点钟起，陪到夜里十二点，这么长的时间，鲁迅先生都是坐在藤躺椅上，不断地吸着烟。

客人离开时已是深夜，按正常作息规律来说理应睡觉，可是鲁迅

客人一走，已经是下半夜了，本来已

经是睡觉的时候了，可是鲁迅先生正要开始工作。

先生却“正要开始工作”，足见鲁迅先生对工作有很强的主动性和积极性。

在工作之前，他稍微阖一阖眼睛，燃起一支烟来，躺在床边上，这一支烟还没有吸完，许先生差不多就在床里边睡着了。（许先生为什么睡得这样快？因为第二天早晨六七点钟就要起来管理家务。）

毕竟陪了太久客人，正式开始工作前，需要稍事休息。鲁迅先生是如何短暂休息的呢？“阖”“燃”“躺”几个动词连用，连贯而自然，仿佛这是其习惯已久的动作，这样的夜晚于鲁迅先生而言是常态吧。“一支烟还没有吸完，许先生差不多就在床里边睡着了”，为什么睡得这样快？也许是因为陪客人实在辛苦，也许是因为第二天早晨六七点钟就要起来管理家务吧。

海婴这时也在三楼和保姆一道睡着了。

全楼都寂静下去，窗外也是一点声音没有了，鲁迅先生站起来，坐到书桌边，在那绿色的台灯下开始写文章了。

夜已深，海婴和保姆也睡了，整栋楼都寂静了，室外也再无声响，这安静的夜晚更能沉淀深邃的思想。稍作休息后的鲁迅先生开始在安静的深夜里伏案写作了。作者冷静克制地描述了鲁迅先生从深夜持续到天明的工作，鲁迅勤勉而忘我的状态让人印象深刻。

许先生说鸡鸣的时候，鲁迅先生还是坐着，街上的汽车嘟嘟地叫起来了，鲁迅先生还是坐着。

据许先生说，破晓之时，鲁迅先生还没睡觉，保持着坐着的姿态。天色渐渐亮起来，路上行人与车辆也多起来，当大多数人开始新一天的平凡生活时，鲁迅先生也还是坐着，仍旧没结束工作。“坐着”重复出现，体现了先生工作的忘我与投入。

有时许先生醒了，看着玻璃窗白萨萨的了，灯光也不显得怎样亮了，鲁迅先生的背影不像夜里那样黑大。

这里借玻璃窗、灯光以及鲁迅先生的背影等细节描写，强调从深夜到清晨过程中时间的推移。而如此漫长的深夜，鲁迅先生不顾白天陪客人的疲累，始终在忘我地工作。字里行间看似平淡，但我们可以读出萧红对鲁迅先生的深深敬意。

鲁迅先生背影是灰黑色的，仍旧坐在那里。

反复强调黑，可以理解为作者想以此来象征在社会大环境的黑暗中，鲁迅先生始终孤独而坚忍地战斗，表达了作者对鲁迅先生的崇敬之情。

人家都起来了，鲁迅先生才睡下。

这句话运用对比的修辞手法突出了鲁迅先生的辛苦，也暗含了作者对鲁迅先生的敬佩之情。

海婴从三楼下来，背着书包，保姆送他到学校去，

早晨，鲁迅先生终于睡下，这时正是海婴上学的时间。经过鲁迅先生门前时，保姆“总是”吩咐他

经过鲁迅先生的门前，保姆总是吩咐他说：“轻一点走，轻一点走。”

“轻一点走”，保姆深知鲁迅先生的作息习惯，再次印证这是先生的生活常态。

鲁迅先生刚一睡下，太阳就高起来了。太阳照着隔院子的人家，明亮亮的，照着鲁迅先生花园的夹竹桃，明亮亮的。

彻夜工作后的鲁迅先生一定非常劳累，终于可以好好睡上一觉，但是清晨升起的太阳将隔壁院子与花园里的夹竹桃照得明亮，将先生工作在安静的夜晚与此时环境明亮作对比，突出先生对工作的投入。

鲁迅先生的书桌整整齐齐的，写好的文章压在书下边，毛笔在烧瓷的小龟背上站着。

这一处细节描写，写出了鲁迅先生工作环境的整齐，书桌上每样东西都在它该在的位置，从侧面衬托出先生对待工作一丝不苟。

一双拖鞋停在床下，鲁迅先生在枕头上边睡着了。

摆在床下的拖鞋似乎还在等待着主人起身，可是鲁迅先生已经永远地睡去了。“睡着”有一语双关的意思，一是指鲁迅先生每天需要睡觉补充体能，二是指鲁迅先生与世长辞了。1936 年 7 月，萧红从上海去日本。到达日本不到三个月，便听到国内传来的鲁迅先生逝世的消息，这对作者来说无疑是一个噩耗。

从福建菜馆叫的菜，有一碗鱼做的丸子。

这里对鲁迅先生一家吃鱼丸，就鱼丸新鲜与否的问题展开叙述。作者叙述的语言极平淡，如叙家常般回忆鲁迅先生家里发生的一件小事，富有生活气息。

海婴一吃就说不新鲜，许先生不信，别的人也都不信。因为那丸子有的新鲜，有的不新鲜，别人吃到嘴里的恰好都是没有改味的。

许先生又给海婴一个，海婴一吃，又是不好的，他又嚷嚷着。别人都不注意，鲁迅先生把海婴碟里的拿来尝尝。果然是不新鲜的。鲁迅先生说："他说不新鲜，一定也有他的道理，不加以查看就抹杀是不对的。"

小海婴活泼，有话直说，其他人都不相信他说的话，鲁迅先生则愿意听，愿意信任，并亲自品尝验证，侧面衬托出鲁迅先生是一个慈爱的父亲，他的教育是建立在尊重孩子的基础之上，且求真求实的，他身体力行行着实践出真知的道理。先生的待人独到之处就在这平白如话的叙述中娓娓道来，呈现了一位不同的"大"先生。

……

以后我想起这件事来，私下和许先生谈过，许先生说："周先生的做人，真是我们学不了的。那怕一点点小事。"

这件小事给"我"的印象很深，以至于后来想起，还与许先生就此事谈论一番。所谓"细微之处见真章"，无怪乎许先生褒扬"周先生的做人，真是我们学不了的。那怕一点点小事"。由此可见，伟大的人格总能在细节之中彰显。平淡的字里行间，我们可以读出作者对鲁迅先生深深的敬意。

鲁迅先生包一个纸包也要包到整整齐齐，他常常把要寄出的书，从许先生手里拿过来自己包。许先生本来包得多么好，而鲁迅先生还要亲自动手。

为证实许先生的评价，这里写了鲁迅先生包书的事例。"常常"一词，让我们可以读出这样对细节完美的追求不是偶尔为之，而是先生长久以来的作风，已经形成一种生活习惯。生活小事已然如此，对于文学创作，先生必定更加精益求精。正是这样深入骨髓的对细节完美的孜孜追求，才成就了伟大的鲁迅先生。

鲁迅先生把书包好了，用细绳捆上，那包方方正正的，连一个角也不准歪一点或扁一点，而后拿起剪刀，

包书其实是一件很小的事情，如此忙碌、经常要工作到早晨的鲁迅先生却坚持要亲力亲为。书包好了，方方正正，还要用细绳捆上，"连一个角也不准歪一点或扁一点，而后拿起剪刀，把捆书的那绳头都剪得整整齐齐"，哪怕如此细微之处，他也是认真细致地对待。

足见他对所要寄出的书和收书人的重视，当然我们也能看出鲁迅先生力求完美、精益求精的人生信条。

把捆书的那绳头都剪得整整齐齐。

就是包这书的纸都不是新的，都是从街上买东西回来留下来的。许先生上街回来把买来的东西一打开随手就把包东西的牛皮纸折起来，随手把小细绳圈了一个圈。若小细绳上有一个疙瘩，也要随手把它解开的。准备着随时用随时方便。

与之共同生活的许先生也是个细心又节俭之人。她了解鲁迅先生包书的习惯，上街买东西回来时，总是保留好包东西的牛皮纸，折起来，“随手把小细绳圈了一个圈。若小细绳上有一个疙瘩，也要随手把它解开的。准备着随时用随时方便”，这些细节无不体现着许先生的细致与体贴，也从侧面反映了二人生活默契、节奏合拍。

鲁迅先生必得休息的，须藤老医生是这样说的。可是鲁迅先生从此不但没有休息，并且脑子里所想的更多

这里叙述鲁迅先生带病工作的片段。日夜操劳的鲁迅先生身体每况愈下，但他更加想用有限的时间完成更多要做的事情。珂勒惠支是德国女版画家、雕塑家。她是鲁迅在那个年代最推崇的一位西方左翼艺术家，鲁迅经常在文章中提及。

了，要做的事情都像非立刻就做不可，校《海上述林》的校样，印珂勒惠支的画，翻译《死魂灵》下部；刚好了，这些就都一起开始了，还计算着出三十年集（即《鲁迅全集》）。

鲁迅对珂勒惠支的关注可能有两点：一是珂勒惠支对底层民众的社会主义关怀，二是珂勒惠支版画的死亡主题以及对民众灵魂的表现。这与鲁迅在艺术精神上有一致的地方。为了翻译《死魂灵》这部书，鲁迅付出了超乎寻常的心血和汗水。完成这些后，他又计算着出《鲁迅全集》，实则一刻也休息不得。从这些看似平淡的叙述中，我们无疑可以读出萧红对呕心沥血、竭尽所能工作的鲁迅先生的心疼与深深的敬意。

鲁迅先生感到自己的身体不好，就更没有时间注意身体，所以要多做，赶快做。当时大家不解其中的意思，都以为鲁迅先生不加以休息不以为然，后来读了鲁迅先生《死》的那篇文章才了然了。

1936 年 9 月，鲁迅先生写了一篇题为《死》的杂文。而对于这篇文章，大多数人仍旧愿意把它看作鲁迅的遗嘱，或看作其一生的回顾。文章开篇便提到死亡。鲁迅从珂勒惠支的版画谈起，分析了国人对于死亡的态度。他在文章中这样写道：“她早年的主题是反抗，而晚年的是母爱，母性的保障，救济，以及死。”这和鲁迅的一生何其相似。

在生命的最后阶段，鲁迅先生已经知道自己的身体非常糟糕，但他所关心的不是自己的生命还剩多少日子，而是自己可以用来工作的时日已所剩无几。在他看来，自己的生命应该毫无保留地奉献给人类，为人类留下更多作品与启迪。伟人的一生，皆是如此。

鲁迅先生知道自己的健康不成了，工作的时间没有几年了，死了是不要紧的，只要留给人类更多，鲁迅先生就是这样。

鲁迅先生一生都在斗争，批判社会的无情和人性的可悲，直到生命的最后时刻，他忍受着病痛，依然无私忘我地工作，想要留给人类更多的精神财富。作者字里行间无不融入了女作家特有的细腻、纯真，流露着悠远的哀思、怀念与深沉的崇敬和热爱。

不久书桌上德文字典和日文字典都摆起来了，果戈里的《死魂灵》，又开始翻译了。

在读者的心中，鲁迅是伟大的文学家、思想家、革命家。他以笔为枪，奋笔疾书，战斗一生，救国民思想于水深火热之中，因此被誉为“民族魂”。

在不同的文章里，我们曾读到过不一样的鲁迅先生。比如，周晔的《我的伯父鲁迅先生》，在侄女眼中，鲁迅先生是一个爱憎分明，为自己想得少、为别人想得多的人。她用儿童的视角，写了伟大作家日常生活中的一些细节。作为 20 世纪 30 年代文坛一位独具风格的女作家，萧红的成长与鲁迅先生的激赏、扶植是分不开的。她在《回忆鲁迅先生》一文中，以一个女作家独有的细腻笔触记录了伟大的文学家鲁迅先生的生活细节，展示了一个真实的、富有人情味的、生活化的鲁迅形象，从细微之处展现了鲁迅先生乐观爽朗、平易近人、体恤他人、幽默风趣、严谨认真、忘我工作的人物形象，表达了作者对鲁迅先生的敬仰、敬爱和怀念之情。

1936 年 7 月，萧红从上海去日本。行前，鲁迅先生还专门设家宴为她饯行。可是她到东京不到三个月，便听到鲁迅先生逝世的噩耗。1937 年 1 月，萧红从日本回到上海，第一件事就是在许广平先生的陪同下到万国公墓给鲁迅先生扫墓。在鲁迅先生逝世后，萧红先后在组诗《沙粒》《鲁迅先生记》等作品中表达自己的哀悼之情。《回忆鲁迅先生》写于先生去世三年之后，更是回忆鲁迅先生作品中的经典之作。原文有 2.4 万字，分为 45 个片断，本文是作品的节选。就是这样一篇片段之间没有太强的逻辑关联，甚至略显琐碎的文章，却成了描写鲁迅先生的经典之作。

一方面，本文侧重的是鲁迅先生的生活琐事，反映的是他对待家人、对待青年等不同的态度。他明朗宽厚、亲切和蔼，表现出思想家鲁迅先生犀利、冷峻的外表之外的另一面——真实可亲。另一方面，多个琐碎的片段连缀成篇，但萧红对先生的热爱、怀念、崇敬之情贯穿始终，如一线串珠，体现了萧红散文的独特风格。

阿长与《山海经》

点滴过往中的深情怀念

作者◎鲁迅

解读者◎蒋白鹭

准确把握文中情感转折的原因，是深入认识阿长形象和鲁迅对阿长感情的关键。我们在阅读本文的时候，可以感受到作者在写到阿长为小鲁迅买来《山海经》的事情时，叙述的笔调发生了明显的变化。先前直言对这位勉强称得上称职的保姆的不耐烦、厌恶，而阿长替“我”买来了《山海经》后急转为真诚的敬意和赞扬，微微戏谑和淡淡嘲讽也随之消解，乃至产生浓厚的怀念之情。我们可以细致推敲阿长所做的事，从而体会作者内心的复杂感受，从事件和感受交织而成的意义之网中体悟作者表达的情感。

阿长与《山海经》

点滴过往中的深情怀念

长妈妈，已经说过，是一个一向带领着我的女工，说得阔气一点，就是我的保姆。

> 开篇的“已经说过”，是指鲁迅在《朝花夕拾》的《狗·猫·鼠》等文章中提及过长妈妈。在《狗·猫·鼠》中，由于隐鼠的原因，“我”十分记恨长妈妈。事情的交代为后文的情感转变做铺垫。“阔气”一词一方面凸显鲁迅语言上的幽默，另一方面表明阿长身份的低微，她只是一个“保姆”。

我的母亲和许多别的人都这样称呼她，似乎略带些客气的意思。只有祖母叫她阿长。我平时叫她“阿妈”，连“长”字也不带；但到憎恶她的时候，——例如知道了谋死我那隐鼠的却是她的时候，就叫她阿长。

> 阿长的社会地位很低，但是“我们”家人基本对她还是比较客气的。而小鲁迅从之前亲昵地称呼“阿妈”到后来称呼“阿长”，两种迥然不同的称呼，看出“隐鼠事件”对于当时童年的鲁迅影响甚大。“憎恶”一词，有厌恶之意，突出小孩子的脾性，为了一只小隐鼠，“我”用了“谋死”“憎恶”这样夸张的词，体现了“我”的不满情绪极度高涨。

我们那里没有姓长的；她生得黄胖而矮，“长”也不是形容词。

从阿长的外貌描写来看，她和“长”根本毫无关系，作者也在此交代了“长”并不是形容词。这个“阿长”明显不该是长妈妈的名字。

又不是她的名字，记得她自己说过，她的名字是叫作什么姑娘的。什么姑娘，我现在已经忘却了，总之不是长姑娘；也终于不知道她姓什么。

在那个重男轻女的封建年代，阿长没有属于自己的名字是极有可能的，文中提及的她的名字也是“什么姑娘”，并不是一个完整的名字，这里能看出，阿长不仅在周家地位低下，在阿长自己的原生家庭，可能也是被忽略的。阿长一直和小时候的鲁迅生活在一起，以她的性格，关于自己的事情应该没有少说，但是就连“什么姑娘”，“我”也已经忘却了，可以看出阿长身份低微。

记得她也曾告诉过我这个名称的来历：先前的先前，我家有一个女工，身材生得很高大，这就是真阿长。后来她回去了，我那什

原来取“阿长”这个名字，既不是因为外貌长相，也不是因为她自己本身的特点，只是因为大家“叫惯了”前一个女工。虽然周家人对阿长还是略显客气，但是没有人在意她真正到底叫什么，因为周家人都叫惯了，她就被随意安上了这个名字。长妈妈对这个名字是什么态度呢？按理说，这是前一个女工留

下的名字，不管从哪方面和长妈妈都毫无关系，但是当周家把这个名字安在她身上后，她也没有反抗，居然也欣然接受。连自己名字都不能拥有的阿长，对于用别人用过的名字可能真的不那么在意。

么姑娘才来补她的缺，然而大家因为叫惯了，没有再改口，于是她从此也就成为长妈妈了。

前面说背地里说人长短不是好事，但是作者还是忍不住说出了对长妈妈的看法。在“不大佩服”前甚至还加深了程度“实在”，表现出童年时期的鲁迅一开始对阿长的态度。

虽然背地里说人长短不是好事情，但倘使要我说句真心话，我可只得说：我实在不大佩服她。

这里进一步把“不大佩服”的原因进行具体交代。“最讨厌”直接表明“我”的态度，粗俗好事、不文明是“我”“实在不大佩服她”的原因。“切切察察”“低声絮说”表明阿长有背地里议论人长短的习惯。“竖”“摇动”“点”等动词将阿长粗俗的一面刻画出来，表现了她粗俗、好事的性格。这两句话将阿长背地里议论人的动作描绘得生动逼真，给人一种画面感。

最讨厌的是常喜欢切切察察，向人们低声絮说些什么事。还竖起第二个手指，在空中上下摇动，或者点着对手或自己的鼻尖。

我的家里一有些小风波，不知怎的我总疑心和这“切切察察”有些关系。又不许我走动，拔一株草，翻一块石头，就说我顽皮，要告诉我的母亲去了。

阿长“切切察察”的行为，作者认为多半是去他母亲那里打小报告了。背地里说人是非，对于阿长这样的封建农村女性来说倒不足为奇。阿长为何要这样做呢？她的日常工作本就包括照顾小鲁迅，向雇主汇报那哥儿的一举一动。而作者认为的“打小报告”，可能阿长是出于自保，为博取周家雇主的信任而为。小孩子天性爱玩，但“不许”二字说得如此坚定，限制了小鲁迅的自由；“拔一株草，翻一块石头”如此细小甚微的事情也被定义为“顽皮”，难怪作者说“实在不大佩服她”。小孩子当然无法体会女工背后的“动机”，只是内心厌恶情绪的自然表露。

一到夏天，睡觉时她又伸开两脚两手，在床中间摆成一个“大”字，挤得我没有余地翻身，久睡在一角的席子上，又已经烤得那么热。推她呢，不动；叫她呢，也不闻。

除了之前阿长“切切察察”时“竖起第二个手指，在空中上下摇动，或者点着对手或自己的鼻尖”的人物速写图外，作者在此又向读者具体展现了她在夏天的睡姿。一个“摆”字相当传神，有故意而为之之意。童年时期的鲁迅可能认为长妈妈是故意将自己摆成一个“大”字型的，挤得他没有余地翻身；“烤”字写出了天气的炎热，幼小的他睡觉只有一席之地，于是更是怨恨在心。

之前是长妈妈“切切察察”“告密”，这一刻倒是“我”去跟母亲告状了。本段是“我”向母亲告状后母亲所说的话，母亲的语气是反问，看起来语气委婉，却坚定又略带嘲讽，说长妈妈胖，睡相不好，也是警告、提醒她睡觉的时候多给“我”留位置。

“长妈妈生得那么胖，一定很怕热罢？晚上的睡相，怕不见得很好罢？……”

“多回诉苦”能看出这种“苦”不是一次两次了。母亲的警告意味非常明显，但是阿长面对雇主的警告，却是反常地不开口回答。

母亲听到我多回诉苦之后，曾经这样地问过她。我也知道这意思是要她多给我一些空席。她不开口。

夜里再次醒来，“大”字型不但没有变化，甚至变本加厉，以至于最后“我”也很无奈。阿长是家里的保姆，说她故意这样做，似乎是不合理的。那么，在母亲提出警告后，她还是如此，应该不是出于故意。也许，每日繁重的工作，让阿长自己都不知道自己会有什么样的睡相，可能这也是当时母亲问她，她却无法开口的原因吧。此处童年时期的鲁迅的埋怨与气愤跃然纸上。

但到夜里，我热得醒来的时候，却仍然看见满床摆着一个“大”字，一条臂膊还搁在我的颈子上。我想，这实在是无法可想了。

但是她懂得许多规矩；这些规矩，也大概是我所不耐烦的。

虽然用了“但是”这样表示转折的词语，可还是难掩“我”对阿长的反感和不满。

一年中最高兴的时节，自然要数除夕了。辞岁之后，从长辈得到压岁钱，红纸包着，放在枕边，只要过一宵，便可以随意使用。睡在枕上，看着红包，想到明天买来的小鼓，刀枪，泥人，糖菩萨……。

对于年幼的鲁迅来说，过年当然是最开心的事，他细数的这些让人开心的事儿，都和小孩子的玩乐有关。他想了一夜第二天如何使用自己的压岁钱去买那些令人开心的小玩意儿。将这些令孩子开心的事情详细地写出来，也为后文他早上起来忘记和长妈妈说祝福语这件事做了铺垫。

然而她进来，又将一个福橘放在床头了。

然而这一切美好的期待却被阿长打破了，“又”字看出可能这并不是第一次长妈妈把福橘放在床头上了。作者这里说是“福橘”而不是“橘子”，以此可以看出长妈妈在之前已经给小鲁迅说过，这些橘子沾着“福气”呢。

“哥儿，你牢牢记住！”她极其郑重地说。

在“记住”之前特地加了“牢牢”二字，而且语气还是郑重其事的，都是为了引起小鲁迅的重视，其实是她自己特别看重这件事。

长妈妈的要求到底是什么呢？到底是什么让她如此郑重其事呢？从她的话中可以看出，她的心愿特别简单，她告诉小鲁迅第二天睁开眼第一句话就是对她说祝福语。并且她是反复确认，一再强调的。她又告诉小鲁迅“这是一年的运气的事情”，那么这个运气到底属于谁呢？是属于鲁迅吗？其实，这些祝福语和长妈妈相关，她希望可以通过小鲁迅的祝福，一年顺顺利利，这些祝福语中的福气对她来说至关重要。

“明天是正月初一，清早一睁开眼睛，第一句话就得对我说：‘阿妈，恭喜恭喜！’记得么？你要记着，这是一年的运气的事情。不许说别的话！说过之后，还得吃一点福橘。”

长妈妈拿橘子在小鲁迅眼前摇来摇去，也是一再叮嘱，不止语言上，动作上也一再提醒。以她的生活现状来说，没有什么大起大落，顺顺利利的她就很满足。愿望多么朴实！

她又拿起那橘子来在我的眼前摇了两摇，“那么，一年到头，顺顺流流……。”

不只是长妈妈有新年愿望，从“梦里也记得”能看出小孩子整晚都想着那些玩乐的事情。“我”一醒来一定迫不及待地想去用压岁钱买小鼓、刀枪、泥人、糖菩萨……因此“我”睁眼时早就把长妈妈昨晚的交待忘到九霄云外了。

梦里也记得元旦的，第二天醒得特别早，一醒，就要坐起来。

她却立刻伸出臂膊，一把将我按住。

从“立刻”“按住”不难看出，这一晚上她一定没睡熟，比起前面睡成“大”字型推也推不醒简直是天壤之别，由此看出阿长对于新年第一天早上的重视程度。“按住”也能看出她生怕“我”一下子跑了或是第一句话不是对她说的，这样的话，祝福就不会那么灵验了吧。

我惊异地看她时，只见她惶急地看着我。

小鲁迅一心想着过年的小玩意儿，也是很急迫，早就不记得长妈妈前一晚的要求，对于她突如其来的动作着实是诧异的。而“惶急”表明“我”此刻的行为已经让她恐慌了起来，可以看出她对新年祝福语的重视远高于我们的想象。

她又有所要求似的，摇着我的肩。我忽而记得了——

此刻的长妈妈并没有说话，而是用动作代替了语言。她没有张口提醒“我”，是因为她的要求是“第一句话就得对我说：‘阿妈，恭喜恭喜！’”。可以看出对于民间这些习俗，她是深信不疑的。

“阿妈，恭喜……。”

长妈妈的要求是“阿妈，恭喜恭喜！”，而我们从省略号来看，其实“我”的话还没来得及说完。

"恭喜恭喜！大家恭喜！真聪明！恭喜恭喜！"

"我"的祝福其实并没有说完，但是她已经迫不及待地接了下去。连用四个感叹号，长妈妈的激动和开心由此可见。长妈妈的话不仅仅是对自己恭喜，还有对大家的恭喜。

她于是十分欢喜似的，笑将起来，同时将一点冰冷的东西，塞在我的嘴里。我大吃一惊之后，也就忽而记得，这就是所谓福橘，元旦辟头的磨难，总算已经受完，可以下床玩耍去了。

这里从人物语言、动作、肖像等刻画出长妈妈的欢喜、兴奋之情。"我"的吃惊也能看出"我"确实已完全不记得长妈妈说的了。在小鲁迅看来，长妈妈认为的最重要的接福气的事情却是"磨难"。长妈妈把这一切都寄托在一个小孩子身上，是因为她只能勉强让那时候还是孩子的"我"听话，可是从小孩子的视角来看，"我"对这些习俗是不以为然的，心里想的还是玩耍。

她教给我的道理还很多，例如说人死了，不该说死掉，必须说"老掉了"；死了人，生了孩子的屋子里，不应该走进去；饭粒落在地上，必须

长妈妈教人的道理有很多，但是最后哪怕是站在成人的角度来看也是"非常麻烦的事情"。作者还补充说了元旦的仪式很"古怪"，这些日常的琐事，大部分虽忘记了，但是作者也列举出了不少，从这里可以看出长妈妈唠唠叨叨一定说了不少，也说了很多遍，让人不得不记得。长妈妈说的这些都是民间习俗，

拣起来，最好是吃下去；晒裤子用的竹竿底下，是万不可钻过去的……。此外，现在大抵忘却了，只有元旦的古怪仪式记得最清楚。总之：都是些烦琐之至，至今想起来还觉得非常麻烦的事情。

"礼节"多而杂，她认同这些"礼节"，她也一直在实行，并要周围人也一起学习这样的"礼节规矩"，这也是那个时代很多人的日常生活状态，是那个时代的缩影。

然而我有一时也对她发生过空前的敬意。她常常对我讲"长毛"。她之所谓"长毛"者，不但洪秀全军，似乎连后来一切土匪强盗都在内，但除却革命党，因为那时还没有。她说得长毛非常可怕，他们的话就听不懂。

小鲁迅第一次对长妈妈有了空前的"敬意"是因为她说了"长毛"的故事，而且还是"常常"说。这恐怕是她的听闻中最为传奇的片段。洪秀全是太平天国的领袖，但阿长却把他和土匪、强盗混到一起来说，也能反映出阿长对"长毛"并不了解。转折词"然而"直接表示态度的转变；"一时"则暗示这种敬意只是持续了一段时间；"发生过"的"过"字也是表示敬意的暂时性，如果改成"发生了"，意思就会发生改变；"空前"是"大词小用"，用夸张的方法，表示这种敬意是前所未有的，给小鲁迅带来了极大的震撼。长妈妈在说“长毛”故事的时候，不管是语言还是神态都很形象，绘声绘色的状态给小鲁迅留下了深刻的印象。如在模仿煮饭老妈子的口吻时，只言片语中展现出老妈子受到惊吓后的情状，生动传神。长妈妈讲“长毛”的故事，当时可能只是想吓一吓小鲁迅，要小鲁迅老老实实听话。从她讲故事的表现中，我们看到长妈妈应该是忍不住对故事进行了恐怖效果的强化。我们当然无法对故事的真伪进行考证，但是不管是当时的小鲁迅，还是写作时的成年鲁迅，这个故事都让他记忆深刻。故事是荒谬的，但长妈妈却讲得一本正经，也看出了她的无知、淳朴。作者以儿童的心理来认识长妈妈的“伟大神力”，实际上是进行讽刺。整段文字寓庄于谐，增添了幽默风趣之感。

她说先前长毛进城的时候，我家全都逃到海边去了，只留一个门房和年老的煮饭老妈子看家。后来长毛果然进门来了，那老妈子便叫他们“大王”，——据说对长毛就应该这样叫，——诉说自己的饥饿。长毛笑道：“那么，这东西就给你吃了罢！”将一个圆圆的东西掷了过来，还带着一条小辫子，正是那门房的头。煮饭老妈子从此就骇破了胆，后来一提起，还是立刻面如土色，自己轻轻地拍着胸脯道：“阿呀，骇死我了，骇死我了……。”

我那时似乎倒并不怕，因为我觉得这些事和我毫不相干的，我不是一个门房。但她大概也即觉到了，说道："像你似的小孩子，长毛也要掳的，掳去做小长毛。还有好看的姑娘，也要掳。"

故事的前半部分虽是令人毛骨悚然的，但因为小鲁迅觉得这件事和他毫不相干，他并没感到可怕。从长妈妈和小鲁迅的对话中，可以看出小鲁迅的毫不在意，因此长妈妈说了"像你这样的小孩子"也是会被掳走的。她很能体会听众，也就是小鲁迅的心理，及时调整自己的叙述策略，似乎是希望小鲁迅有所重视。这让我们体会到了一个血肉丰满的长妈妈的形象。

"那么，你是不要紧的。"我以为她一定最安全了，既不做门房，又不是小孩子，也生得不好看，况且颈子上还有许多灸疮疤。

这段话写出了孩子的纯真。小鲁迅听到这个凶险的故事后，不仅关心自己的安危，还下意识地关心长妈妈的安危。他经过思索后断定长妈妈应该是很安全的。童言无忌，写出了小鲁迅内心的真实感受，同时反映了长妈妈相貌不佳，也照应了前文"我"并不喜欢她。

"那里的话?!"她严肃地说。"我们就没有用么？我们也要被掳去。城外

这一说可把长妈妈逼急了，她非常"严肃"地说，完全没有开玩笑的意味，她不仅自己对此深信不疑，也要让"我"相信这个故事。这其中不乏当时封建思想的体现。当时妇女的经血、黑狗血之类都被

视为“污秽”之物，迷信思想反倒赋予了它们“神力”。长妈妈的话语之间尽显粗俗，这也符合她的人物性格特点。实际上她说的这些故事中的内容是毫无逻辑、混乱无章的，但这却不影响小孩子听故事。

有兵来攻的时候，长毛就叫我们脱下裤子，一排一排地站在城墙上，外面的大炮就放不出来；再要放，就炸了！”

小鲁迅一听有如此威力的大炮却被长妈妈这样的人抵挡住了，不由得心生敬意。因为从当时他的角度来说，长妈妈居然就这样平息了这场战争，他觉得不可思议，觉得那是很厉害的“神力”。本段呼应前文提到的睡觉占满整床和那些烦琐的礼节，但与长妈妈这种“神力”相比，之前的种种行为也忽然可以被原谅了，因此“我”觉得“情有可原”。此时的小鲁迅也不再在意自己睡觉的地方有多小，反倒认为自己应该多退让一些，就算睡的地方不大也变得心甘情愿了。

这实在是出于我意想之外的，不能不惊异。我一向只以为她满肚子是麻烦的礼节罢了，却不料她还有这样伟大的神力。从此对于她就有了特别的敬意，似乎实在深不可测；夜间的伸开手脚，占领全床，那当然是情有可原的了，倒应该我退让。

作者对具有“神力”的长妈妈的敬意，却由于一只小小的隐鼠之死而一扫而光。在隐鼠事件之前，那样的敬意已经逐渐淡薄起来，也

这种敬意，虽然也逐渐淡薄起来，

但完全消失，大概是在知道她谋害了我的隐鼠之后。那时就极严重地诘问，而且当面叫她阿长。我想我又不真做小长毛，不去攻城，也不放炮，更不怕炮炸，我惧惮她什么呢！

说明了“长毛”的故事本身就和“我”关系不大，“我”没有感同身受，小孩子慢慢淡忘也是正常的。这也和后面第二次心生敬意进行了对比，为后文做铺垫。“我”当面叫了她“阿长”，以鲁迅的受教育程度，这种情况是不大会出现的。只是“我”认为隐鼠是被她谋害的，好像又是她故意而为之的，所以“我”再三质问，情绪尽在其中了。在语言上，作者连用几个否定句，情绪层层递进，认为自己没必要畏惧，似乎也是在为后面要为隐鼠复仇鼓足勇气。

但当我哀悼隐鼠，给它复仇的时候，一面又在渴慕着绘图的《山海经》了。

文章前半部分，作者花了很多笔墨写了阿长日常的一些琐事，表现的基本也都是对阿长的不喜欢和不满，也让读者直观地感受到像阿长这样生活在底层的人过的令人心酸的日子。就是这样的一个女工在后文中却给小鲁迅买了他最渴慕的《山海经》，作者的情感变化油然而生。

这渴慕是从一个远房的叔祖惹起来的。

“渴慕”是指非常仰慕和向往，这个词可以看出小鲁迅对绘图《山海经》的渴求程度。

他是一个胖胖的，和蔼的老人，爱种一点花木，如珠兰，茉莉之类，还有极其少见的，据说从北边带回去的马缨花。他的太太却正相反，什么也莫名其妙，曾将晒衣服的竹竿搁在珠兰的枝条上，枝折了，还要愤愤地咒骂道：“死尸！”这老人是个寂寞者，因为无人可谈，就很爱和孩子们往来，有时简直称我们为“小友”。

叔祖和他的太太是两个性格截然相反的人，叔祖“和蔼”，但是他的太太时常“莫名其妙”，发火生气也是毫无道理的。她还经常“愤愤咒骂”，给人一种不讲理、性格泼辣的感觉。那些珠兰枝条想必是叔祖悉心种植的，而且很多绿植也是极其少见的，但是叔祖的太太就拿这些晒衣服，自己搁坏了枝条还要骂人，难怪叔祖无人可谈，只能和孩子们聊天。“小友”看出了他的和蔼，即便是妻子这样蛮横，他脾气也还是不错的。

在我们聚族而居的宅子里，只有他书多，而且特别。制艺和试帖诗，自然也是有的；但我却

叔祖有很多藏书，其中不乏特别的书，有些书年幼的鲁迅甚至都记不住或叫不上来名字。小鲁迅最喜欢的是《花镜》，这是一本什么样的书呢？《花镜》是明末清初高士陈淏子撰写的一本奇书，作者因不愿在清廷为官，于是归隐田园，日日与花果树木相伴，从而被人称

只在他的书斋里，看见过陆玑的《毛诗草木鸟兽虫鱼疏》，还有许多名目很生的书籍。我那时最爱看的是《花镜》，上面有许多图。

为“花痴”。这是一本园艺学专著，小小年纪的鲁迅真对园艺种植那么感兴趣吗？其实，他之所以喜欢这本书，是因为“上面有许多图”，小孩子对花花绿绿的插图是最喜欢的。这里值得我们注意的是，小鲁迅一直想要的《山海经》，就是绘图版的。

他说给我听，曾经有过一部绘图的《山海经》，画着人面的兽，九头的蛇，三脚的鸟，生着翅膀的人，没有头而以两乳当作眼睛的怪物，……可惜现在不知道放在那里了。

“人面的兽，九头的蛇，三脚的鸟，生着翅膀的人，没有头而以两乳当作眼睛的怪物，……”这些讲述从此就在小鲁迅的脑海中挥之不去。这样新奇的玩意儿，哪个小孩不想一睹为快呢？但实际上《山海经》又是什么样子的一本书呢？它其实是中国先秦重要古籍，也是一部富于神话传说的古老的奇书。《山海经》对于当时幼小的“我”来说，是一本深奥的书，“我”并不一定能读懂书中的内容，所以自始至终，“我”一直想要的都是绘图版的《山海经》，真正吸引“我”的是其中的图片。

我很愿意看看这样的图画，但不好意思力逼他去

大人们对于“我”要看《山海经》都不以为然，“我”也羞于打扰叔祖让他去找，其他的人也不在意。也许，这本书确实比较难找，

别人不知道也很正常，但也确实是“不肯真实地回答”。他们可能确实不知道，也可能觉得小孩子只是胡乱说一嘴。叔祖还非常“疏懒”，懒得替小鲁迅尽心尽力去寻找，这也与后文只有长妈妈给“我”带回了这本书做了对比。

寻找，他是很疏懒的。问别人呢，谁也不肯真实地回答我。

写明了“我”自己不能去买书的原因——有压岁钱但是却没有机会去。“我”在家中被管束得很严，只有正月间可以出去玩一趟，那是买书的好机会，可惜的是在这种休假的时候书店却是不开门的。“紧紧地关着”也看出了“我”的难过与失落，加深了难过的程度。

压岁钱还有几百文，买罢，又没有好机会。有书买的大街离我家远得很，我一年中只能在正月间去玩一趟，那时候，两家书店都紧紧地关着门。

玩是小孩子的天性，玩的时候“我”倒是忘却了，但是一停下来就想个不停，体现了“我”对绘图版《山海经》的无限渴望。

玩的时候倒是没有什么的，但一坐下，我就记得绘图的《山海经》。

阿长得知《山海经》是在无意间，只是因为“我”太过于念念不忘，念叨的次数一定不少。说的次数多了，也难免引起了阿长的兴趣。而“我”从未主动向她说过《山海经》。这是为什么呢？因为“我”觉得长

大概是太过于念念不忘了，连阿长也来问《山海经》是怎么一回事。这

是我向来没有和她说过的，我知道她并非学者，说了也无益；但既然来问，也就都对她说了。

妈妈不识字、不读书，跟她说等于是对牛弹琴。长妈妈过问“我”是出于关心，可“我”却是轻视她的，“我”从心底里认为长妈妈和《山海经》是无法联系在一起的，在这里也能看出，当时“我”根本没有想过长妈妈会替“我”把书买来。

过了十多天，或者一个月罢，我还记得，是她告假回家以后的四五天，她穿着新的蓝布衫回来了，一见面，就将一包书递给我，高兴地说道：

“哥儿，有画儿的‘三哼经’，我给你买来了！”

小鲁迅并没有太过在意长妈妈到底走了多久，但是却记得她当天穿着新的蓝布衫，而且一见面就立马把书给了“我”的画面。“高兴”一词能看出长妈妈也很开心，她想快一点给“我”。阿长简单的一句话，却尽显真情。首先，凭借着“错误”的书名买书，对于不识字的阿长来说是多么不易，从“三哼经”几个字我们能体会到她找书一定花费了很长时间；其次，阿长地位低，工钱不会很多，但她毫不犹豫掏钱给“我”买了书；最后，她强调了这是“有画儿”的，或许是凭借着“我”曾经对于书中画的描述找到了这本书。相比别人的不肯做、不能做，阿长却用最朴实的行为满足了“我”的渴慕。阿长一直给人粗俗的感觉，但是对于“我”的念叨，她却心思细腻地记下来了，连“我”都没想过她会替我买书，阿长的人物形象一下子高大了起来。

当“我”最渴慕的书近在眼前的时候，“我”仿佛被雷电击中一般，全身上下没有一个地方不兴奋，内心的激动溢于言表。“霹雳”“震悚”两个词都夸张地表现出小鲁迅收到书时的意外、激动和震惊。大词小用，却都无疑展现了长妈妈对“我”的关心和爱。

我似乎遇着了一个霹雳，全体都震悚起来；

吸引小鲁迅的“人面的兽，九头的蛇，三脚的鸟，生着翅膀的人，没有头而以两乳当作眼睛的怪物，……”果然尽在其中。一接到书，“我”就开始翻，不是翻书的文字内容，而是翻梦寐以求的画儿。“我”对长妈妈的情感也由此开始发生了转变。

赶紧去接过来，打开纸包，是四本小小的书，略略一翻，人面的兽，九头的蛇，……果然都在内。

文章开端，“我”对长妈妈是“不大佩服”，后来有了“空前的敬意”“特别的敬意”，当看到真是“我”想要的绘图《山海经》的时候，又有了“新的敬意”。“长毛”故事中的“敬意”是带有讽刺意味的，多有反讽调侃的意思在里面，但是这里的“新的敬意”却是作者发自内心的情感。同样的词语但是语境不同，所表达的感情也是不一样的。

这又使我发生新的敬意了，别人不肯做，或不能做的事，她却能够做成功。

她确有伟大的神力。

别人不愿意做的、做不到的，阿长却凭一己之力做到了，这就是小鲁迅眼中“伟大的神力”。如果说，“长毛”和大炮的故事所体现出来的“神力”多少带有一些嘲讽的意味，这一次的，加上了“确有”修饰，实实在在地表达了“我”的感激与佩服。

谋害隐鼠的怨恨，从此完全消灭了。

呼应了前文提到的隐鼠事件，“我”之前因隐鼠的死对她怀恨在心，念念不忘，甚至还为此否定了长妈妈她们“防大炮”的壮举，立誓要为隐鼠复仇。但是，此刻怨恨却“完全消灭”，作者很彻底地原谅了她，而且还是主动原谅。

这四本书，乃是我最初得到，最为心爱的宝书。

这句独立成段，足见这四本书在“我”心中的地位之高。这里的用词是“最心爱”“宝书”，对“我”来说，如同珍宝，作者难掩内心的激动和喜爱，也看出这套书在作者心中一直以来的重要性。

书的模样，到现在还在眼前。

不管是小时候，还是已经长大成人，作者对书的模样依然记忆深刻，这四本书仿佛还在眼前，成了作者心中难以抹去的烙印。

可是从还在眼前的模样来说，却是一

可这“宝书”到底怎样呢？从这段描述中我们可以看出，长妈妈买的这套绘图《山海经》其实很粗糙，无论是从纸张还是从刻印的图像来说，都不能称之为“佳品”。“我”一直念叨的画儿，也只是线条勾勒几笔，就连动物的眼睛也是形状怪异的，可能这也正符合小鲁迅心目中“神”“怪”的形象。这完全不影响“我”把它当宝书。

部刻印都十分粗拙的本子。纸张很黄；图像也很坏，甚至于几乎全用直线凑合，连动物的眼睛也都是长方形的。

作者又一次对之前听闻的《山海经》中“人面的兽，九头的蛇，三脚的鸟，生着翅膀的人，没有头而以两乳当作眼睛的怪物，……”进行了描述。如果细读的话，我们会发现，这一次对书中内容的介绍和之前听叔祖说的，是略有不同的。小鲁迅在拿到长妈妈给他买的绘图版《山海经》后确确实实认认真真读了，对比前面的内容，小鲁迅对《山海经》中的内容知道得更多了，更详细了，也更准确了。而这都是靠读长妈妈给他买的书才做到的。

但那是我最为心爱的宝书，看起来，确是人面的兽；九头的蛇；一脚的牛；袋子似的帝江；没有头而“以乳为目，以脐为口”，还要“执干戚而舞”的刑天。

《尔雅音图》和《毛诗品物图考》《点石斋丛画》《诗画舫》都是带有绘图的。从长妈妈带回来绘图版《山海经》后，“我”就对此类书产生了浓厚的兴趣。“直到前年还在”说明长大成人之后的鲁迅也依旧还

此后我就更其搜集绘图的书，于是有了石印的《尔雅音图》和《毛诗品物图考》，又有

了《点石斋丛画》和《诗画舫》。《山海经》也另买了一部石印的，每卷都有图赞，绿色的画，字是红的，比那木刻的精致得多了。这一部直到前年还在，是缩印的郝懿行疏。木刻的却已经记不清是什么时候失掉了。

留有对那些画儿的兴趣，这多少受了当年长妈妈买的绘图版《山海经》的影响。鲁迅在版刻方面也有所涉猎，这也和当初的启蒙是分不开的。作者心中是充满感激的，当时无论是父母还是老师，都没有人愿意给他买他喜欢的宝书，他们让他钻读那些枯燥的八股文，那些所谓的正经书严重泯灭了孩童的天性，而长妈妈却无意保护了作者的天性。她可能也没有多想，只是觉得“我”看了会高兴，就想尽办法给“我”找。“我”对她是心存感激的，感谢她的呵护。

我的保姆，长妈妈即阿长，辞了这人世，大概也有了三十年了罢。

短短一句，出现了“保姆”“长妈妈”“阿长”三个称呼，表达出了“我”的复杂心情，也表达了“我”对于她辞世的哀思以及对她的怀念。

我终于不知道她的姓名，她的经历；仅知道有一个过继的儿子，她大约是青年守寡的孤孀。

不管她有多少称呼，“我”却终究不知道她的名字，就连她真正的经历“我”也知之甚微，表达出了长妈妈一生的不幸和苦楚，以及“我”对她的同情。长妈妈一直对“死”这个字很敏感，可能不仅仅是因为民俗习惯，而且和她的个人经历有关系。她的丈夫很早就去世了，所以她才对“死”这个字很忌讳，从中也看出她悲惨的人生经历。

小时候过新年是长妈妈要求作者说吉祥话，此时作者却主动为长妈妈祈福。或许，回想起长妈妈曾把新年的希望寄托在自己身上，而自己是万般不情愿，说的也无心，多少有一些愧疚。现在作者主动祝福长妈妈，也是希望她在另一个世界能少些苦楚吧。

仁厚黑暗的地母呵，愿在你怀里永安她的魂灵！

三月十日。

本文标题由“阿长”和“《山海经》”两部分构成，“阿长”是人名，“《山海经》”是书名，用“与”字将两者连在一起。“阿长”与“《山海经》”其实本不该有什么联系，从文章开头的描述来看，阿长只不过是个女工，是个保姆，不识字、没有文化，在“我”心中她不是学者，书的事情对她说多了也无益。但因为“我”想要绘图版的《山海经》，经常说个不停，才让“阿长”与“《山海经》”有了联系。将一个乡下女工与《山海经》放在一起不免引起了读者的兴趣。作者用一个“与”字将两者并列，可以看出不管是阿长还是《山海经》，都对作者影响深远。作者对这样一个无知、愚昧、粗俗但善良朴实的乡下保姆的情感暗含其中，对她深深怀念。

鲁迅在《朝花夕拾》中多次提到长妈妈，这让我们不得不对这个人物感到好奇。读完这篇文章，我们了解了作者分别站在儿童视角和成人视角去描写与长妈妈相处的点滴过往，感受到了其中的情感，既有儿童那童言无忌的幽默调侃，又有成人视角的真挚情感的表达。鲁迅同情阿长的悲惨命运，也正是这样普普通通、地位低微的阿长给“我”带来了感动。像阿长这样的劳动妇女一定不少，我们借作者的文字，能够感受到人物命运和时代风貌。作者的高妙之处是让我们看到反差——情感上的反差以及人物性格特点的反差，以诙谐幽默的笔法刻画了这样一个生动的人物，将自己的情感变化也表达得恰到好处。

老王·真善美的讴歌

作者◎杨绛
解读者◎张芳

我们生活中不乏这样的人：生活困苦，但不失善良朴实、坚强乐观。你是否关注过这样的人？我们应该怎样对待他们？杨绛的《老王》通过写自己与普通车夫老王的交往，体现了老王艰难困苦的生活和善良厚道的品格，含蓄地提出了要关爱生活中的不幸者。读《老王》时，我们要通过关注开头、结尾、文中的反复以及特别之处的关键语句，如文章开始处的“闲话”、文末的“对话”、巧妙的几处“闲笔”等，感受杨绛朴素、平淡的语言以及语言下那颗纯粹、平静、懂得“愧怍”又怀有慈悲的心。

老王　真善美的讴歌

我常坐老王的三轮。他蹬，我坐，一路上我们说着闲话。

“常坐”说明“我”对老王生意的照顾，这也是老王对“我”心存感激的原因之一。因为“常坐”，“我们”是有些熟悉的。而“闲话”是用来打发时间的，说明“我”和老王虽然熟悉，但仅限于雇佣关系。

据老王自己讲：北京解放后，蹬三轮的都组织起来；那时候他“脑袋慢”，“没绕过来”，“晚了一步”，就“进不去了”，他感叹自己“人老了，没用了”。

好不容易遇上一个愿意和自己聊天的人，想必老王也是迫切地想要表达自己内心的想法，找到一个倾诉的对象。这一句也表明“我”并不是太在意老王说话的真假，只是当“闲话”听过就算了。“错失良机”“脑袋慢”“人老了，没用了”，老王对自己的评价流露出一个失意人的自卑以及懊恼、无奈的心情。

老王常有失群落伍的惶恐，因为他是单干户。

“失群落伍”是说老王没能及时加入蹬三轮的组织中，落在时代发展和形势要求的后面，没有组织可依靠，没有归属感和安全感，他常常感到“惶恐”。

他靠着活命的只是一辆破旧的三轮车。

"只是"强调了"一辆破旧的三轮车"是老王唯一的依靠，而这唯一的依靠也只够他"活命"，可见老王生活异常艰难。

有个哥哥，死了，有两个侄儿，"没出息"，此外就没什么亲人。

讲到哥哥的情况，老王只用了简短的两个字"死了"，显得有些冷漠，什么时候、因为什么死的，他都没有再讲，也许是因为老王不愿提及内心的伤痛，也许是因为哥哥和他平时都忙于生计，无暇密切往来，没有特别深厚的感情。两个侄儿也"没出息"，老王也就没有亲人可依靠了。

老王只有一只眼，另一只是"田螺眼"，瞎的。乘客不愿坐他的车，怕他看不清，撞了什么。

因为身体的残疾影响到蹬车的生意，可以看出老王的生意不会太好，靠蹬车维持生计是很艰难的。

有人说，这老光棍大约年轻时候不老实，害了什么恶病，瞎掉一只眼。

这句话所有的根据都来自恶意的臆测。"老光棍"的称呼也充满了嘲笑与鄙视。老王除了要忍受独眼、独身、独户的不幸之外，还要忍受更深的不幸——起码的做人尊严被践踏。老王的"田螺眼"竟然成为看客嘲笑他的把柄，成为他们茶余饭后的谈资，体现了人性的冷漠。

真是祸不单行，一只眼残疾，另一只所谓“好眼”也并不好，也是有毛病的，老王真是可怜之人。

他那只好眼也有病，天黑了就看不见。

老王虽知道眼睛有毛病，但也没钱去医院检查治疗，他不知道是什么毛病导致他撞在电线杆上，脸部受伤，想想都令人心酸。好在并不是严重的病，“我女儿说他是夜盲症，给他吃了大瓶的鱼肝油”，眼睛就好了。这里也看出“我们”那时虽然生活不富裕，但还不忘关心老王，这关心也让老王心存感激，对“我们”尤为亲近。

有一次，他撞在电杆上，撞得半面肿胀，又青又紫。那时候我们在干校，我女儿说他是夜盲症，给他吃了大瓶的鱼肝油，晚上就看得见了。

两个“也许”表示对老王眼疾的猜测，也表明老王孤苦无依，无人重视。同样是不幸，“若是因得了恶病”，则侧面写出了老王无人关心，因生活贫困而无钱治病，只能硬生生忍受眼疾的折磨，甚至到眼睛瞎掉的程度，这其中有多少苦痛？这是多么深刻的不幸！怎能不令人同情？

他也许是从小营养不良而瞎了一眼，也许是得了恶病，反正同是不幸，而后者该是更深的不幸。

“荒僻的小胡同”“破破落落的大院”“几间塌败的小屋”无处不说明老王栖所的寒酸，而且这样破败的地方，一住就是“多年”，也从侧面表明老王生计艰难。“我”

有一天傍晚，我们夫妇散步，经过一个荒僻的小胡同，看见一个破破落落的大院，里面有几间塌败的小屋；老王正蹬着他那辆三轮进大院去。后来我在坐着老王的车和他闲聊的时候，问起那里是不是他的家。他说，住那儿多年了。

问起那里是不是他的家，老王不回答“是”或者“不是”，却回答“住那儿多年了”，强调的是“住”在那里，却不是自己的家，没有家的归属感和温暖。“后来”一词用得巧妙，说明作者不是看见老王蹬车进破落的大院后第二天坐老王车的时候问的，不是专门地问起，而是有机会“闲聊”时问的。老王住在那里多年，之前“我”是不知道的。作者从多角度展现了老王孤苦寒微的生活状态，流露出作者对老王深深的同情。

有一年夏天，老王给我们楼下人家送冰，愿意给我们家带送，车费减半。

老王不单单把“我们”当成顾客，还把“我们”看作朋友，主动帮“我们”减轻负担。他知恩图报，车费减半也是报答“我”对他生意的照顾。

我们当然不要他减半收费。

“当然”一词表现出“我们”不会占老王便宜的心理，同时，也表现了作者作为知识分子不欺负贫弱者的高尚品德。

每天清晨，老王抱着冰上三楼，代我们放入冰箱。他

老王服务很周到，每天一早就把冰送来，还代“我们”放入冰箱，由此也能看出来，“我们”对老王也是很信任的。“前任”是指在老

王之前给“我”家送冰的人。老王送的冰，对比他前任送的，同样价格却大一倍，从中看出老王为人老实厚道，做生意也讲诚信。

送的冰比他前任送的大一倍，冰价相等。

胡同口蹬三轮的我们大多熟识，老王是其中最老实的。他从没看透我们是好欺负的主顾，他大概压根儿没想到这点。

老王与同行相比，是最朴实的。“我们”在“文革”时期被认为“成分不好”，人人“敬而远之”，老王却真心实意待“我们”，表现了老王的善良和“我”对老王的感激。

“文化大革命”时期是一个特殊的年代，“我们”被认为是“反动学术权威”，很多人对“我们”“敬而远之”，但老王不会，当“我”遇到困难时，“我”会想到找老王帮忙，老王也愿意帮助“我”。

“文化大革命”开始，默存不知怎么的一条腿走不得路了。我代他请了假，烦老王送他上医院。

那时“我们”的生活也是困难的，“我”“自己不敢乘三轮”，但“我”还是给老王钱，在“我”的心里，“我们”的生活还是比老王要好一些。而老王将“我们”看作朋友，他愿意帮助“我”，还坚决不拿钱，由此可见老王的淳朴和善良。

我自己不敢乘三轮，挤公共汽车到医院门口等待。老王帮我把默存扶下车，却坚决不肯拿钱。

他说："我送钱先生看病，不要钱。"

在老王看来，帮"我"的忙，"送钱先生看病"是应该做的，当然不要钱。这个细节说明老王俨然已经把我们看作亲友。

我一定要给钱，他哑着嗓子悄悄问我："你还有钱吗？"

"一定"表明"我"不愿占他的便宜。他"悄悄"地问的原因：一是怕钱先生听见，怕钱先生担心"我"没钱而不肯治病；二是怕别人听见，老王还考虑"我"的"面子"问题。多么善良、细心、体贴的老王！

我笑着说有钱，他拿了钱却还不大放心。

"我""笑着"是想表现出轻松的状态，不想把困难的一面展示给老王，也是想让老王可以坦然地接钱。而老王虽然最终接了钱，但还是不大放心，像关心亲人一样关心着"我们"。

我们从干校回来，载客三轮都取缔了。老王只好把他那辆三轮改成运货的平板三轮。他并没有力气运送什么货物。

三轮车由载客工具变成了运货工具，老王因为身体原因，也没有力气运送货物，眼看他就要失去唯一的经济来源，生活可谓是雪上加霜。

幸亏有一位老先生愿把自己降格为"货"，让老王运送。

好在天无绝人之路。"幸亏"一词流露出"我"对老王生活的关心，替他松了一口气。"欣然"一词显示出，虽然生活十分艰难，但老王对生活的态度还是积极乐观的，他对待工作认真负责、细心，为人厚道，对照顾他的顾客知恩图报。

老王欣然在三轮平板的周围装上半寸高的边缘，好像有了这半寸边缘，乘客就围住了不会掉落。

“我”一直关心着老王的生计。老王本来的生活还能“凑合”，现在还要花钱看病,对老王而言无疑是雪上加霜。更可悲的是，“不知道是什么病”，老王根本没钱去正规医院做检查，也许只是在小诊所简单治疗，甚至没有对症下药，钱虽然花了，病却不见好。

我问老王凭这位主顾，是否能维持生活，他说可以凑合。可是过些时老王病了，不知什么病，花钱吃了不知什么药，总不见好。

“我们”从干校回来，日子也不好过，但是任何歪风邪气对老王都没有丝毫影响，他照样尊重“我们”、关心“我们”，“扶病”也到“我”家来。后来他只能托人代他传话，侧面说明老王的病越来越重了，已“自身难保”，但依然牵挂着“我们”。此处也为后文老王来“我”家“道别”埋下伏笔。

开始几个月他还能扶病到我家来，以后只好托他同院的老李来代他传话了。

这里的细节描写是全文的精髓之一。“门框”是没有生命的事物，“镶嵌”一词显示出老王久病之后身体异常消瘦，就像薄片，就像没有生命的器物一样嵌在门框里，喻示老王已经病入膏肓了。

有一天，我在家听到打门，开门看见老王直僵僵地镶嵌在门框里。

往常他坐在蹬三轮的座上，或抱着冰伛着身子进我家来，不显得那么高。也许他平时不那么瘦，也不那么直僵僵的。

“我”印象中的老王都是他“工作”时的样子，老王究竟有多瘦、多高，其实“我”平时并没有太关注，因此，病重的老王突然出现在“我”面前时，“我”竟一时恍惚了——“也许”是他本来就这么瘦，这么直僵僵的，“也许”是病重原因，让他看起来更加消瘦。

他面色死灰，两只眼上都结着一层翳，分不清哪一只瞎，哪一只不瞎。说得可笑些，他简直像棺材里倒出来的，就像我想象里的僵尸，骷髅上绷着一层枯黄的干皮，打上一棍就会散成一堆白骨。

“他面如死灰，两只眼上都结着一层翳”，“他简直像棺材里倒出来的，就像我想象里的僵尸，骷髅上绷着一层枯黄的干皮，打上一棍就会散成一堆白骨”，这些是定格式的细节描写，生动地写出了老王死之将至的骇人情状。这些看起来“不和谐”的肖像描写，恰恰是“我”与老王之间存在隔阂的证明。老王的身体极度虚弱，为下文写他第二天离世做了铺垫。

我吃惊地说：“啊呀，老王，你好些了吗？”

老王的状态给“我”的视觉上和心灵上带来了一定的冲击，“我”有些错愕。

老王对“我”的问题的回答是“‘嗯’了一声”，但其实他并没有好些，也许他走到“我”家里来就已经耗尽了气力，已经没有力气再解释，也没有必要再解释。“直着脚往里走”，他积攒着最后的力气，要将两手里的东西交给“我”。

他“嗯”了一声，直着脚往里走，对我伸出两手。他一手提着个瓶子，一手提着一包东西。

在死亡边缘挣扎的老王，还强撑着病体来给“我”送香油、鸡蛋，而香油、鸡蛋在那个物质极度匮乏的年代是多么珍贵的东西啊！这么珍贵的东西，不知道是老王攒了多久才攒下的，他本可以用它们来为自己补充营养，但他选择给“我们”送过来。这不是一瓶香油、“十个还是二十个”鸡蛋，而是无法用物质衡量的深厚的情谊，因此是“数不完”的。老王以这样的方式向“我”作最后的告别。

我忙去接。瓶子里是香油，包裹里是鸡蛋。我记不清是十个还是二十个，因为在我记忆里多得数不完。我也记不起他是怎么说的，反正意思很明白，那是他送我们的。

“我”努力让这个场面轻松一些，尽量地调节气氛，打趣。一个“强”字，写出了“我”当时复杂的心理，既可怜老王，又感激老王，又不得不打趣，以调节气氛。

我强笑说：“老王，这么新鲜的大鸡蛋，都给我们吃？”

老王一定感觉到了自己大限将至，也许他的言外之意是自己没有机会再吃了，这好东西吃了也是浪费，所以仅仅回答了“我不吃”三个字。

他只说：“我不吃。”

我谢了他的好香油，谢了他的大鸡蛋，然后转身进屋去。他赶忙止住我说："我不是要钱。"

对于一个孤苦无依的将死之人，他特地来到"我"家。他觉得"我们一家人"与其他人不同，他觉得可以从"我"这里获得尊重和温暖。他临死之前给"我"送来了香油和鸡蛋，并强调"我不是要钱"，这不只是为了表达对"我"的感谢，而是把"我"当成了亲人，是想获得一种临终关怀，这是他离开人世前的最后一份期盼。

我也赶忙解释："我知道，我知道——不过你既然来了，就免得托人捎了。"

"我"当时并没有明白老王真正的渴求，"我也赶忙解释"以表示"我"对他的尊重，但"我"给他的仍然是"钱"，并未真正走进老王的内心，这也是后文"我"感到愧怍的主要原因。

他也许觉得我这话有理，站着等我。

"也许"表猜测，也是作者反省后的希望，是一种自我安慰。作者希望当时老王是被她说服的，而不是因内心失落，发现并不是他期待的那样，也无力再推辞，所以不再坚持。

我把他包鸡蛋的一方灰不灰、蓝不蓝的方格子破布叠好还他。

在与老王的交往中，"我"始终是有一点儿俯视的姿态的，所以"我"与老王的所有关系都可以用钱解决。"我"给了他钱，还将破布叠好还给他，但对老王来说，这些已经毫无用处了，他需要的不是这些。

他一手拿着布，一手攥着钱，滞笨地转过身子。我忙去给他开了门，站在楼梯口，看他直着脚一级一级下楼去，直担心他半楼梯摔倒。

“攥”“滞笨”“直着脚”，简单的几个词描绘出老王离开时动作艰难的情形，这情形怎能不让人为老王的身体、生活担忧。此处描写也为第二天老王的去世埋下伏笔。老王不顾自身安危，在生命的最后阶段，来感激照顾他、让他牵挂的人，在他的心中，“我们”就像亲人一般。而“我”虽然看着他离开，也会担心他，但并没有真正走进他的内心。

等到听不见脚步声，我回屋才感到抱歉，没请他坐坐喝口茶水。可是我害怕得糊涂了。那直僵僵的身体好像不能坐，稍一弯曲就会散成一堆骨头。我不能想象他是怎么回家的。

老王将死的状态给“我”带来不小的冲击，“我”的感觉极强烈，联系前文“我吃惊地说”“我强笑说”“我忙去给他开了门”以及此处“可是我害怕得糊涂了”这些语句，都表现出“我”对眼前的老王是感到恐惧的。这种恐惧让“我”一时忘记了该有的礼节，也恰恰说明了“我”与老王心理上是有距离的。

过了十多天，我碰见老王同院的老李。我问：“老王怎么了？好些没有？”

“我”打听老王的情况，表明“我”对老王的关心，一直挂念着老王的身体。但“我”的问候是在碰到老李时提起的，老王病入膏肓的样子“我”亲眼所见，但十多天了“我”并没有想到要专门去看望老王。

"早埋了。"

面对老王的死，老李的口气是冷静的。

"呀，他什么时候……"

省略号表示语意未尽，"我"不忍说出"死"这个词。

"什么时候死的？就是到您那儿的第二天。"

照应了前文老王在死之将至时强撑病体给"我"送来鸡蛋和香油的情节，以这样的方式表达对"我"的感激与牵念，与"我"告别。

我没再多问。

也许是不敢多问，怕听到有关老王去世前的惨状，也怕有所冒犯。

我回家看着还没动用的那瓶香油和没吃完的鸡蛋，一再追忆老王和我对答的话，琢磨他是否知道我领受他的谢意。

"一再追忆""琢磨"说明"我"对此事耿耿于怀，侧面说明"我"对自己和老王最后一次见面时，"我"用钱来感谢他的好意这种处理方式不妥，内心受到煎熬。

我想他是知道的。但不知为什么，每想起老王，总觉得心上不安。因为吃了他的香油和鸡

"总"体现了"我"的自我反省。老王成了"我"挥之不去的牵挂，这表现了一位知识分子的良知。对老王感到"愧怍"，是因为"我"不愿意欠别人人情，不愿意占别人便宜，所以，什么都用钱来解决，以为那是对弱者的关爱，实则并未

真正体会到老王内心对尊重与温暖的渴求。最后，作者却说“都不是”，“那是一个幸运的人对一个不幸者的愧怍”，这时作者已经跳出自己与老王的相处，从人与人之间的相处、人与人之间的道德伦理角度来审视这段关系，是对人性、人格的反省：人应该对弱者抱有一种人道主义关怀。

蛋？因为他来表示感谢，我却拿钱去侮辱他？都不是。几年过去了，我渐渐明白：那是一个幸运的人对一个不幸者的愧怍。

作者笔下的老王是一个可怜的人，可以说，他是生活在社会底层可怜的一类人的代表。而老王又是一个可爱的人，知恩图报、质朴善良。就是老王这样的一个小人物，却成了作者挥之不去的牵挂。

在《老王》文末的结句中，作者表示对老王感到“愧怍”。那么杨绛为什么会感到“愧怍”呢？是因为不对等交往关系而愧怍。从一开始，作者与老王就处于不对等的交往关系中。作者对老王付出的情感更多的是同情：同情他的苦，同情他的残疾，同情他的贫困。对老王的关心同情，是礼节上的，是知识分子素养的体现。

在与老王的交往中，作者始终是有一点儿俯视的姿态的。作为知识分子，出于所谓的本能，作者不愿纯粹地接受别人的施舍、同情和帮助，而是习惯将这一切用金钱量化，并用金钱予以答谢。所以作者与老王的所有关系都可以用钱来解决。

而老王特别感激作者，视作者为朋友，甚至是亲人，因而相告身世，诉说生活苦楚及对前途的担忧。一有机会他就热情报答作者的知遇之情。老王对作者是亲人般的爱，他一如既往，并不因作者条件优越而巴结谄媚，也不因作者遭遇困厄而避之不及。

作者因迟到的懂得而“愧怍”。老王是个不幸的人，但他的灵魂是高贵的，最应该得到尊敬，得到赞美，可是在他生前，作者却没有充分理解他，没有真正走进他的内心。等到老王去世了，作者一再追忆老王和她对答的话，“总觉得心上不安”。作者不安的是自己作为一个幸运的人，却没有对不幸的、应有所同情有所宽容的人的高贵的品性——善良、真诚、圣洁给予充分的理解。

精神灵魂的自我拷问，需要极大的勇气，杨绛先生的“愧怍”让人敬佩。对于“老王们”，即广大底层民众，作者代表一代知识分子，自我反省，自我解剖，叩问自己的灵魂，叩问众生的人性，彰显出知识分子的博大的胸怀。

叶圣陶先生二三事

小事中凸显大家风范

作者◎张中行

解读者◎胡芸蕾

这是一篇回忆叶圣陶先生的散文，作者张中行在描摹叶圣陶亲躬答谢、伏案执笔等情状时娓娓道来，文字之简练，味道之醇厚，让我们感觉叶圣陶先生仿佛就在眼前，还从中感受到叶圣陶先生严谨自律、宽厚待人的节操和风范。在阅读本文时，我们可以从作者选材这一角度出发进行思考：他是如何选择叙事材料的，所选材料间有什么关系，这些材料又是如何全面呈现出叶圣陶先生的为人、为学方面的特点的。我们也可通过朗读、摘录、批注来感知作者对叶圣陶先生深深的敬仰之情。

叶圣陶先生二三事

小事中凸显大家风范

叶圣陶先生于1988年2月16日逝世。记得那是旧历丁卯年除夕，晚上得知这消息，外面正响着鞭炮，万想不到这繁碎而响亮的声音也把他送走了，心里立即罩上双层的悲哀。

> 这段话带有明显的感情色彩，字里行间流露出作者满满的痛惜、哀伤和怀念之情。作者得知叶圣陶先生逝世的消息是在除夕夜，原本传达喜气的鞭炮声在不幸的消息传来后让人顿觉心中惊扰、纷乱。以乐景反衬哀情，使得这哀思有倍增之感。作者听到这个消息后，悲伤之情"笼罩"于心，一个"罩"字写出了作者对叶圣陶先生去世的悲哀之深。"双层"既是对一年岁月逝去的感伤，也是对叶圣陶先生的离世饱含悲哀之情。

我第一次见到叶圣陶先生，是五十年代初，我编课本，他领导编课本。

> 作者与叶圣陶两人曾共事于人民教育出版社，从事中学语文教材的编辑工作，交往多年，感情深厚，亦师亦友。

这之前，我当然知道他，那是上学时

> 叶圣陶曾长期致力于推动新文学运动。他认为标准现代汉语语法包括标准的语法、修辞方法、词汇、

期，大量读新文学作品的时候。

标点符号、简体字和除去异体字。他大力提倡使用普通话写作，倡导简洁的文风。

相识之后，交往渐多，感到过去的印象失之太浅，至少是没有触及最重要的方面——品德。

此句总领全文，概要交代和叶圣陶先生的相知、相识，点明对叶圣陶先生印象深刻的原因和自己一直疏忽的“最重要的方面”是他的品德出众，也交代了本文的写作重点——叶圣陶先生的品德。

《左传》说不朽有三种，居第一位的是立德。

引用《左传》的说法，突出“立德”在《左传》所列的“立德、立功、立言”三种“不朽”中的重要地位。

在这方面，就我熟悉的一些前辈说，叶圣陶先生总当排在最前列。

叶圣陶先生在《左传》所列的这三种“不朽”中的“立德”方面，是“排在最前列”的。“排在最前列”是非常肯定的语气，可见叶圣陶先生在作者眼里“德行”之高。

叶圣陶先生是单一的儒，思想是这样，行为也是这样。

作者从“思想”和“行为”这两个方面高度评价叶圣陶先生的品德。

这有时使我想到《论语》上的话，一处

在作者看来，叶圣陶先生身体力行地践行了儒家的道德准则。作者引用《论语》中的话，用孔子自是："躬行君子，则吾未之有得。"一处是："学而不厌，诲人不倦，何有于我哉！"两处都是孔老夫子认为虽心向往之而力有未能的，可是叶圣陶先生却偏偏做到了。

认为"虽心向往之而力有未能的"和叶圣陶先生"偏偏做到了"进行对比，表明叶圣陶先生品德方面的确有过人之处，表达了对叶圣陶品性德行的由衷景仰。从"可是""却"等词中我们能读出作者对叶圣陶先生的高度赞赏。

因此，我常常跟别人说："叶老既是躬行君子，又能学而不厌，诲人不倦，所以确是人之师表。"

"常常"一词可见作者对叶圣陶先生的敬仰和敬佩。这句话是对叶圣陶先生品行的总体评价——不仅独善其身，还能教化他人。这也是他让人敬重的原因之一。

凡是同叶圣陶先生有些交往的，无不为他的待人厚而深受感动。

"凡是"二字表明不论别人什么身份，不论自己处于什么处境，叶圣陶先生待人都是很宽厚的。"无不"是双重否定，起强调作用，加深了对叶圣陶先生待人宽厚的特点的描述。这句话统领了三至五段的所有材料，我们通过对三至五段的品读，可以了解叶圣陶先生待人宽厚的具体表现。

前些年，一次听吕叔湘先生说，当年他在上海，有一天

通过"伏案"一词我们可以想象出一位老者佝偻着趴在桌子上工作的情景。"执笔"二字显得郑重，

到叶先生屋里去，见叶先生伏案执笔改什么，走近一看，是描他的一篇文章的标点。

这是别人眼中叶圣陶先生写字时的样子。“描”的速度很慢，先生就这样安安静静、工工整整地书写着，由此可见先生做事的严谨、认真。这样的场景被作者写活了，为后文交代叶圣陶先生的仁厚对吕叔湘产生的影响做了很好的铺垫。

这一次他受了教育，此后写文章，文字标点一定清清楚楚，不敢草率了事。

这句插叙了吕叔湘受到叶圣陶先生影响后产生变化的事例。吕叔湘的“受教”不是我们常听到的说教，而是在看到先生的身体力行以及仔细严谨的治学中有所感悟，可能这就是“润物细无声”的教育吧，同时也从侧面表现了叶圣陶先生严谨的工作作风。

我同叶圣陶先生文墨方面的交往，从共同修润课本的文字开始。其时他刚到北方来，跟家乡人说苏州话，跟其他地方人说南腔北调话。可是他写文章坚决用普通话。

从这段文字中我们可以感受到一个倔强又充满着情怀的“可爱”老人。和家乡人、亲人说着自己熟悉的“吴侬软语”，这是叶圣陶先生最自然的生活状态；“跟其他地方人说南腔北调话”又展现出他随和、包容的品性；“坚决用普通话”的时候是写文章的时候，用普通话写作是叶圣陶的坚持，这种坚持是他自己并不熟悉的，甚至有些麻烦的，可为了践行白话文写作，他却始终坚持这样做，这样的决定让人不得不肃然起敬。

从“不耻下问”可看出，叶圣陶先生为做学问向人虚心请教，表现了作者对叶圣陶先生的敬佩之情。

他对普通话生疏，于是不耻下问，让我帮他修润。

这里的心理活动是人之常情，对年长的文坛大家，这是一个晚辈再正常不过的礼数，“商酌”一词也体现了作者谦虚的态度。

我出于对他的尊敬，想不直接动笔，只提一些商酌性的意见。

这里的用词很有意思，叶圣陶先生应该是知道或者遇到过别人因客气而不愿修改的情况，所以他特意强调“不必客气”“千万不要慎重”，由此可以读出叶圣陶先生的真诚以及求教时诚恳的态度。

他说：“不必客气。这样反而费事，还是直接改上。不限于语言，有什么不妥都改。千万不要慎重，怕改得不妥。我觉得不妥再改回来。”

叶圣陶先生又一次让人“出乎意料”的行为让作者印象深刻。作者原以为照做就结束了，可是，先生居然认真阅读了作者的修改，并且还就他认为的修改后的不妥直接提出疑问。这个时候，他不再含蓄，而是针对自己的疑问展开了刨根问底的询问，试问有几个人能在治学上像叶圣陶先生这样执着较真呢？“谦虚而恳切”也体现了先生性格温和、“待人厚”的特点，先生的“宽”与“严”并行，但两者并不矛盾，在写“治学”严谨之时也体现出他“为人”谦逊宽厚。

我遵嘱，不客气，这样做了。可是他却不放弃客气，比如有一两处他认为可以不动的，就一定亲自来，谦虚而恳切地问我，同意不同意恢复。

我当然表示同意，并且说：“您看怎么样好就怎么样，千万不要再跟我商量。”他说：“好，就这样。”可是下次还是照样来商量，好像应该作主的是我，不是他。

这里叶圣陶先生让“我”不必客气，自己却不放弃客气，不耻下问地向“我”请教，体现出他待人极为诚恳而又谦逊、平易近人、尊重他人的特点。两个“可是”表现出“我”的意外，与第三段的首句相呼应。作者在叙事记人时能写出人物的文化内涵与精神品格，将敬重之情融入笔端。

文字之外，日常交往，他同样是一以贯之，宽厚待人。

此句承接上文叶圣陶先生在文字工作方面的“待人厚”，引出下文叶圣陶先生在日常交往中“宽厚待人”的事例。从下文中的小事和作者的评价来看，叶圣陶先生的德行源于仁心，成于小节，并在任何情况下都能够保持。

例如一些可以算作末节的事：有人到东四八条他家去看他，告辞时，客人拦阻他远送，无论怎样说，他一定还是走过三道门，四道台阶，送到大门外。告别，他鞠躬，口说谢谢，看着来

这一段落列举了在我们看来是细枝末节的事情上叶圣陶先生的一些表现。在与别人告别之时，他不顾自身年迈，定要亲自远送，同时还要鞠躬致谢。这位文坛大儒没有任何“架子”，处处体现出君子之行、待人真诚之心。即使病得无法起床，他也要用不断的谢谢来表达不能送别人的歉意。可见先生无论对谁、

无论身体什么状况，他都一以贯之地宽以待人，这个“宽”指的是“宽厚”。再细细琢磨，这又何尝不是“严于己”的表现呢？叶圣陶先生刻入骨髓的教养与礼貌让我们看到了他对自己的要求始终如一，令人感动。

人上路才转身回去。他晚年的时候已经不能起床，记得有两次，我同一些人去问候，告辞时，他还举手打拱，不断地说谢谢。

让人印象深刻、值得回忆的事不仅仅是迎来送往时的场面。在“我”与叶圣陶先生的个人交往上，我们也能看到他对一个晚辈的关爱。这种体谅他人、以平等之心待人的形象也让我们印象极为深刻。文中写到难得出门的叶圣陶先生在看到信后的第一时间给“我”回了信，先生在信中表达了自责之意，责备自己这次出行是不应该的。其实对于这样的“巧合”，叶圣陶先生本无须太过在意，毕竟自己也是很难得才出去一次，但在他的心中，游乐是远远不及与志同道合的友人相见相谈重要。叶圣陶先生这样的自责在我们看来是大可不必的，可先生却深感遗憾，他的为人、他的志趣都是如此高尚！

还记得大概是七十年代中期某年的春天吧，我以临时户口的身份在妻女家中小住，抽空去看他。他家里人说，他很少出门，这一天有朋友来约，到天坛看月季去了。我要了一张纸，留了几句话，其中说到乡居，说到来京，末尾写了住址，是西郊某大学的什么公寓。第二天就接到他的信。他说他非常悔恨，真不该到天坛去看花。

他看我的地址是公寓，以为公寓必是旅店一类，想到我在京城工作这么多年，最后沦为住旅店，感到很悲伤。

> 叶圣陶先生表达了对“我”面临的困顿处境的悲伤以及对错过见面机会的懊悔，可见他在对待友人的苦难时能感同身受，也体现了他待人极为真诚的品质。

我看了信，也很悲伤，不是为自己的颠沛流离，是想到十年来的社会现象，像叶圣陶先生这样的人竟越来越少了。

> “我”对这件事的印象非常深刻，在对比十年来的社会现象之后，更加感慨。“悲伤”指“我”为这个社会缺少像叶圣陶先生这样“待人厚”的人而感伤，既表达了作者对叶圣陶先生“宽厚待人”的品行的赞美，也凸显出先生为人之真诚，他的关爱是直达人心的。

以上说待人厚，是叶圣陶先生为人的宽的一面。他还有严的一面，是律己，这包括正心修身和“己欲立而立人，己欲达而达人”。

> 这个段落承接了上文想到的先生的“宽”。这里由叶圣陶先生的“待人厚”过渡到他的“律己严”。让人敬佩的是，叶圣陶先生不仅有优秀的品德，而且在治学、修身方面也有不同寻常的地方。文中用“己欲立而立人，己欲达而达人”这一句话来表达先生的“仁”。

我们在一起的时候，常常谈到写文章，他不止一次地说："写成文章，在这间房里念，要让那间房里的人听着，是说话，不是念稿，才算及了格。"

写好文章，我们是不是认为任务就此完成了呢？叶圣陶先生教我们，写好文章后，要让房间里的人都听到作者声情并茂的朗读，将文章的内涵和情感都为听到的人所理解才算及格，这样的要求是先生在治学方面严谨的表现。"不止一次"强调他对写文章很重视，并且对不像话的文字坚决要求改正。此处引用叶圣陶先生多次说过的话，表明他在写文章方面追求"明白如话"的用语主张。

他这个意见，不同的人会有不同的反应。譬如近些年来，有不少人是宣扬朦胧的，还有更多的人是顺势朦胧的，对于以简明如话为佳文的主张，就必付之一笑。

朦胧是指写作主张让人看不明白，并且认为让人不明白便是高明的写作。"顺势朦胧"指不讲究用语，跟着感觉走的不认真的写作态度。这与叶圣陶先生的治学理念是背道而驰的。对于这样的学风，先生非但没有任何附庸，更是坚持、强调自己的正确观点，这样的坚持源于自信，自信源于把握住了正确的治学大道。对于不同的声音，先生用了温和而平柔的方式一笑置之，其大度与良好的心态也是值得我们关注的。

而叶先生则主张写完文章后，可以自己试念试听，看像话不像话，不像

"像话"是叶圣陶先生对于文章的基本要求，他对于各类文章风格没有过多的批判和苛责，但是，对于为文，最忌讳的就是"辞不达意"，这是叶圣

话，坚决改。

陶先生的主张,也是他最通透的坚持。这一方式同样适用于我们今日的写作，可见叶圣陶先生的理论极富科学性。

叶圣陶先生就是这样严格要求自己的，所以所作都是自己的写话风格，平易自然，鲜明简洁，细致恳切，念，顺口，听，悦耳，说像话还不够，就是话。

叶圣陶先生首先以身作则，亲自践行这个写话主张，体现了他的正心修身、严于律己。对于叶圣陶先生关于写文章要“简洁”的观点，我们应当学以致用，培养良好的用语习惯，在写作时可以通过反复修改、锤炼语言等方式来提高写作水平。最后一句运用了短句，较为口语化，但同时使语气增强，使读者感到作者在表述时非常诚恳。这里既交代了叶圣陶先生的“写话风格”，也对这种风格给予了高度评价。

在文风方面，叶圣陶先生还特别重视“简洁”。

此句引出叶圣陶先生在文风方面重视“简洁”的文学主张。“特别”一词体现了叶圣陶先生对这一要求的重视程度。

简洁应该是写话之内的一项要求，这里提出来单独说说，是因为叶圣陶先生常常提到，有针对性。他是带着一些感慨说的：“你写

叶圣陶先生的话，说明先生主张行文简洁，不累赘拖沓。对于写作的理解，叶圣陶先生有着非常明确的基本要求，不管词藻是否华丽，意蕴有多丰富，文章作为交流与沟通的一种形式就要经得起推敲，如果文章“删去一两个字，意思没变”就说明文章写得啰唆，就是没有精

炼自己的文字。此外，这里更多的是提醒作家要提升自己的写作技能，反省自己的写作态度，端正自己的写作理念。

成文章，给人家看，人家给你删去一两个字，意思没变，就证明你不行。”

这里从鲁迅先生关于修改的主张引入，引出叶圣陶先生也是有相似的见解。同是大家，叶圣陶先生对于字的“锻炼”更为重视，“绝不该”一词表达了在字的“繁简”修改问题上，是不能有任何让步的。“可现实呢”这一转折之后，作者一针见血地指出问题所在。

关于繁简，关于修改，鲁迅提到的是字句段。叶圣陶先生只说字，我的体会，一是偏重用语，二是意在强调，精神是可简就绝不该繁。可是现实呢，常常是应简而偏偏要繁。

举了“最微末”的一个例子说明叶圣陶先生对简明的要求已到了极致，一个“了”字去掉了，但对表情达意没有任何影响，多了反而觉得累赘又别扭。这个例子也让我们能深切地反思自己平日的写作里对于字句的斟酌是否到位。

举最微末的两个字为例。一个是“了”，如“我见到老师”，“他坐在前排”，简明自然，现在却几乎都要写“我见到了老师”，“他坐在了前排”，显得既累赘又别扭。

另一个是"太"，如"吸烟不好"，"那个人我不认识"，也是简明自然，现在却几乎都要写"吸烟不太好"，"那个人我不太认识"，变得不只累赘，而且违理。

叶圣陶先生又以日常最常用的"太"字为例，指出了又一种普遍现象。"吸烟太不好"这样的表达看似为了强调"吸烟不好"这个事实，但"太"字的使用不但累赘，而且别扭，甚至违理，如要表达强烈否定的意思其实有更多的表达方式，但很少有人肯删。举这个例子，作者是想让我们能更深切地感受到叶圣陶先生所坚持主张的正确性。

像这样的废字，删去不只是意思没变，而且是变拖沓无理为简洁合理，可是竟然很少人肯删，也就无怪乎叶圣陶先生感慨系之了。

叶圣陶先生建议删去拖沓累赘的字，本来是有利的建议，但是当时的现象是因简而偏偏要繁，作者在此处作了说明。"竟然"表达出作者对此种现象的诧异。这种现象与先生身体力行地提倡的文风形成鲜明对照，由此可以看出，作者非常赞同先生的主张。

在我认识的一些前辈和同辈里，重视语文，努力求完美，并且以身作则，鞠躬尽瘁，叶圣陶先生应该说是第一位。

本句中四个短语的连用将叶圣陶先生的优秀品质一一列举，这些短语的内涵层层递进，从治学到为人，全方位概括了叶圣陶先生平凡的一生中的伟大形象。从"第一位"可以看出，叶圣陶先生在作者心中拥有极高的地位，作者饱含赞美之情。

上面说的是总的用语方面。零碎的，写作的各个方面，小至一个标点，以至抄稿的格式，他都同样认真，不做到完全妥帖决不放松。

此句由“用语”这个小的切入点延展到写作的各个方面，作者罗列出人们在写作时经常会忽略的地方，小到标点、抄稿的格式，在这些看起来都无伤大雅的地方，叶圣陶先生都是认真对待、毫不含糊的。“不……不”构成的双重否定句和“完全”“妥帖”等词的使用更是强调了叶圣陶先生认真严谨的态度。在结构上，写“小至一个标点”与上文“描标点”一事相呼应。

还记得五十年代早期，他发现课本用字，“做”和“作”分工不明，用哪一个，随写者的自由，于是出现这一处是“叫做”，那一处是“叫作”的现象。这不是对错问题，是体例不统一的问题。

作者对“做”与“作”的混用做出了较为合理的解释——无关对错，只是体例不统一而已。叶圣陶先生关心课本，心系教育，对他而言，在写作方面，问题无大小，除了区分出对错之外，还应当有体例的问题，只有体例统一，文字表情达意的作用才能更为有效。可见，先生的“斤斤计较”表现在方方面面，治学之严可见一斑。

叶圣陶先生认为这也不应该，必须定个标准，要求全社出版物统一。

在已无对错之分的基础上，还有什么值得讨论的呢？“必须”“统一”是叶圣陶先生的决定，更体现了他严谨认真的治学态度。

商讨的结果，定为“行动”义用“做”，“充当”义用“作”，只有一些历史悠久的，如作文、自作自受之类仍旧贯。决定之后，叶圣陶先生监督执行，于是“做”和“作”就有了明确的分工。

本段主要写叶圣陶先生用语力求规范。当先生发现“做”与“作”的分工不明时，他会努力商讨解决办法并监督执行，不吝心力，亲自去推进，表现了他对用语规范性的重视，也体现了一名语文教育家的社会责任感。结构上再一次呼应了第六段的开头——“正心修身”“己欲立而立人，己欲达而达人”。

叶圣陶先生，人，往矣，我常常想到他的业绩。

“人，往矣”，此处的断句强调了叶圣陶先生虽然逝去，但他身上的品质和精神是不会逝去的。这样的断句，更加突出悲伤的情感，突出作者对先生的不舍与悼念之情。而对于先生的这些“业绩”，我们也可以理解为作者对叶圣陶先生的评价：他是一位躬行君子，为人师表，待人温良，倾全力专注于语文教育事业；对友人关怀鼓励，充满文人情怀；淡泊名利，生活简朴。

凡是拿笔的人，尤其或有意或无意而写得不像话的人，都要常常想想叶圣陶先生的写话的主张，以及提出这种主张的深重的苦心。

叶圣陶先生虽然走了，但是他对语言运用的主张、为此付出的良苦用心仍时时警醒每一个写作者，只要动笔、只要写作，我们都应该铭记先生的写作主张，这也是对叶圣陶先生最好的怀念。这句话虽然没有直接对叶圣陶先生的品行、业绩进行赞扬，但是字里行间表达的都是对先生的怀念、赞扬与敬佩之情。

本文作者围绕叶圣陶先生“立德”来写，选择的都是日常生活与工作中的小事，多而细碎，既有作者亲身感受的事，也有他人的转述和评价，但小事情见大品格，正是这些小事情，从不同方面折射出了叶圣陶先生的可贵品德。

文章开篇言简情挚，作者听到叶圣陶先生逝世的消息是在除夕夜，那“繁碎而响亮”的鞭炮声，在作者的感受里，是悲上加悲的。作者第一次见到叶圣陶先生，是在他领导下编写课本，而在这之前对叶圣陶先生的认识，是通过读新文学作品，以及前辈对他立德为高的评价了解到的。联想《论语》对君子的定义，作者才切实感到叶圣陶先生“既是躬行君子，又能学而不厌，诲人不倦，所以确是人之师表”，这是作者对叶圣陶先生的总论。

文章以小见大，多方面展示人物全貌。一方面，作者写了叶圣陶先生待人宽厚、为人谦逊的品质。作者先写了吕叔湘先生曾经说过的一件事，就是叶圣陶先生给他的文章描标点，让他受了教育。接着详细叙述自己同叶圣陶先生修润课本时发生的事。叶圣陶先生是苏州人，写作时坚决要用普通话，可是自己觉得没有把握，便请作者帮他修润，作者感于前辈的恳切，就遵嘱直接改了，但若一两处叶圣陶先生认为可以不改，反要再去征得作者的同意。这两件事，写出叶圣陶先生对人对事的态度，既谨严认真又诚恳谦逊，让人不由得心生敬重。接下来又叙述了在日常交往中叶圣陶先生宽厚待人的一些言行。虽然是生活中的小事，留给作者的印象却是深刻的、温暖的。

另一方面，作者回忆叶圣陶先生不仅有为人宽的一面，还有严的一面，那就是律己、正心、修身。他不仅做人这样，在做学问和使用语言上，也是一丝不苟，能以身作则。叶圣陶先生在写作方面追求明白如话，写出来要让人看得明白，他心里装着的是读者。他提到“你写成文章，给人家看，大家给你删去一两个字，意思没变，就证明你不行”，说的是行文要力求简洁，不累赘拖沓。这些主张是叶圣陶针对现实中的不良文风提出的。不仅在用语方面，凡写作的方方面面，叶圣陶先生都认真至极，力求妥帖和完美，文中也都予以列举，也正是这些小事才细致入微地表现出叶圣陶先生的学术态度和风范。尤其在课本中“做”和“作”用字体例不统一的问题上，叶圣陶从发现问题，到提出解决办法，再到监督执行，不吝心力去推进，重视语言使用的规范性，表现出一名语文教育家的社会责任感，值得后人细细揣摩和学习。

此外，此文叙述平实，语言朴素而又雅致，简明而有条理，堪称实践叶圣陶先生语文主张的一个范例。所叙内容虽然内容多且杂，但因主旨统摄，并不散乱。行文沉稳平和，质朴蕴藉，平静的叙述中充满感情，评说随叙述自然生发，援引议论精要庄重，与叙述语言之间承合自如，这是大家的境界。

藤野先生·真挚的怀念

作者◎鲁迅
解读者◎刘冰洁

这篇文章的题目是“藤野先生”，我们确实可以用读写人物文章的方式来解读。我们可以从文章中梳理出关于藤野先生的典型事件，并且通过分析人物的表现来感知藤野先生的人物形象。但是鲁迅想要表达的仅此而已吗？我们在阅读的时候会发现，文章除了写与藤野先生有关的事情之外，还写了许多与藤野先生无关的事，这些事情串联起了鲁迅的心路历程，而这些事又与藤野先生有着千丝万缕的联系。因此在读懂藤野先生的人物形象之外，我们可以通过这些与藤野先生无关的事更深刻地理解鲁迅对于藤野先生的感情以及自己坚定的革命信念。这些看似与主要人物无关的事件有时蕴含着作者更深层次的情感，仔细品读，才可体悟其中的情感。

藤野先生

真挚的怀念

鲁迅看到了洋务派办学的局限性，感受到了这样的教育并不能改变当时中国积贫积弱的现状，于是为求更广阔的出路，他带着救国救亡之志东渡日本。而“东京也无非是这样”，语气中带着满满的失望与愤懑。

东京也无非是这样。

作者着笔描写这些留学生的肖像，特别突出了这些留学生留辫子的特征。这样的发型不仅看上去滑稽可笑，顶着这样发型的人还要“将脖子扭几扭”故作姿态，作者对此的评价是“实在标志”，用了反语更是极尽嘲讽，可见作者对这些人厌恶到了极点。留辫子是清朝的传统造型，而在20世纪初，这样的造型却已经成了封建愚昧的象征了。这些“清国留学生”不以为耻反以为荣，矫揉造作地招摇过市，可见这群人麻木庸俗，令作者深恶痛绝。从当时的历史背景来看，这些留着辫子去上“速成班”的留学

上野的樱花烂熳的时节，望去确也像绯红的轻云，但花下也缺不了成群结队的“清国留学生”的速成班，头顶上盘着大辫子，顶得学生制帽的顶上高高耸起，形成一座富士山。也有解散辫子，盘得平的，除下帽

来，油光可鉴，宛如小姑娘的发髻一般，还要将脖子扭几扭。实在标致极了。

生，他们并不真正关心国家存亡，只是为追名逐利而来。而另一部分在东京留学的中国青年则立志投身推翻封建统治的民主革命，主动剪掉了辫子，鲁迅就是其中的一员。所以此处作者特地使用了“清国留学生”这样的称呼，表明作者羞于与这群人为伍，划清了自己与这些人的界限，也表明了自己投身革命的志向。

中国留学生会馆的门房里有几本书买，有时还值得去一转；倘在上午，里面的几间洋房里倒也还可以坐坐的。但到傍晚，有一间的地板便常不免要咚咚咚地响得震天，兼以满房烟尘斗乱；问问精通时事的人，答道，“那是在学跳舞。”

中国留学生会馆是中国留学生活动和居住的场所，作者认为值得去一转，是因为即便书的数量不多但是还是有可读的。出国留学的目的是为了学习先进的知识，报效祖国，但是作者没有见到读书的人，这些人却反倒在楼上学跳舞。“响得震天”“满房烟尘斗乱”写出了房间中环境之嘈杂，可见这些人耽于享乐，无心学习。作者的描写语言也充满讽刺意味，先写听到的声音，假装不知道那是什么声音，然后特意借精通时事的人之口来点出他们是在学跳舞。正是目睹了这些在东京的留学生的丑态，所以作者开篇发出了“东京也无非是这样”的慨叹。

到别的地方去看看，如何呢？

这些“清国留学生”的表现与作者理想中的奋发图强完全背道而驰，作者怀着救亡图存的热情，想要学医救国，而这样恶劣的求学环境令作者大感失望。

我就往仙台的医学专门学校去。从东京出发，不久便到一处驿站，写道：日暮里。不知怎地，我到现在还记得这名目。

“日暮里”这三个字给人诸多联想，在传统诗歌中“日暮”常与乡愁相关，“日暮里”这个地名自然触动了身在异国、孤独求学的作者，所以给作者留下了深刻印象。此外，日薄西山也会让作者联想到自己国家前途命运的晦暗，更令作者内心愁苦不安。所以“日暮里”这个地名不仅引起了作者的“乡愁”，而这种“乡愁”更与整个国家的命运息息相关，表现出作者对国家前途的忧心。

其次却只记得水户了，这是明的遗民朱舜水先生客死的地方。仙台是一个市镇，并不大；冬天冷得利害；还没有中国的学生。

作者1902年前往日本求学，此时的中国已经签下了诸多丧权辱国的条约，惨遭列强侵略。朱舜水生于明末清初，在清军入关后，他矢志不渝，顽强抵抗，积极投身抗清的斗争，但是最终却没有成功，失败后前往日本，最终客死他乡。作者称他为“先生”，表明自己对他这份忠贞的敬佩。而作者对“水户”这个地名印象深刻，一方面因为对朱舜水先生的敬仰，一方面也表明自己有与朱舜水先生一样的爱国之心。

大概是物以希为贵罢。北京的白菜运往浙江，便用红头绳系住菜根，倒挂在水果店头，尊为“胶菜”；福建野生着的芦荟，一到北京就请进温室，且美其名曰“龙舌兰”。我到仙台也颇受了这样的优待，不但学校不收学费，几个职员还为我的食宿操心。

白菜、芦荟之类本不是什么名贵之物，只是因为离开产地数量少而受到了重视。而仙台是一个小地方，完全没有中国的留学生，作者把自己降格为物，自嘲这是“物以稀为贵”。作者以看似幽默，实则饱含心酸的口吻，表达出了自己内心的感受——自己在这里受到优待并不是出于被尊重，不是真正被关心，而是作为一个少见的、弱国来的留学生而被人所怜悯。

我先是住在监狱旁边一个客店里的，初冬已经颇冷，蚊子却还多，后来用被盖了全身，用衣服包了头脸，只留两个鼻孔出气。在这呼吸不息的地方，蚊子竟无从插嘴，居然睡安稳了。

作者此处写了自己与蚊子“作斗争”的经历。虽然已经初冬，但是此处却还是蚊子肆虐，可见作者的居住环境并不好。但是在这样的生活环境中，作者也并没有过多抱怨，而是通过把自己全身都包裹住，只留两个鼻孔出气的方法来让自己免遭蚊虫叮咬之苦。这样睡觉是极不舒服的，但是这样蚊子便也无从“插嘴”，作者仿佛因为在与蚊子的斗争中取胜而沾沾自喜。“居然”一词表现出作者苦中作乐，风趣幽默。

饭食也不坏。但一位先生却以为这客店也包办囚人的饭食，我住在那里不相宜，几次三番，几次三番地说。我虽然觉得客店兼办囚人的饭食和我不相干，然而好意难却，也只得别寻相宜的住处了。于是搬到别一家，离监狱也很远，可惜每天总要喝难以下咽的芋梗汤。

> 虽然居住条件不好，但是至少饭食还能吃。可惜一位先生却硬要为“我”解决不需要解决的饭食问题让“我”搬迁住所，理由是“这客店也包办囚人的饭食”，所以住在那里不好。这看似好意，却最终让“我”落得个“每天总要喝难以下咽的芋梗汤”的让人啼笑皆非的结局。饭食好吃就行，是不是给囚犯吃的根本毫无影响，而搬迁却让“我”受了更大的苦，可见这些人对“我”的优待，并不是真正在为“我”考虑。

从此就看见许多陌生的先生，听到许多新鲜的讲义。解剖学是两个教授分任的。最初是骨学。其时进来的是一个黑瘦的先生，八字须，戴着眼

> 在仙台，作者遇见了藤野先生。到新的地方开始学习新的知识之后，作者遇到了很多新的老师，但是作者唯独对藤野先生印象深刻。作者描写了初见藤野先生时他的外貌，“黑瘦”“八字须”“戴着眼镜”“挟着一迭大大小小的书”用白描的手法，寥寥几笔便刻画出了一个虽其貌不扬却利索朴素、勤奋治学的学者形象。

镜，挟着一叠大大小小的书。

一将书放在讲台上，便用了缓慢而很有顿挫的声调，向学生介绍自己道：

“我就是叫作藤野严九郎的……。”

藤野先生的声调是缓慢而很有顿挫的，这与他的职业——大学教授是相符的，这样的声调可以让学生听得更清晰，便于做笔记，是很为学生考虑的。

后面有几个人笑起来了。他接着便讲述解剖学在日本发达的历史，那些大大小小的书，便是从最初到现今关于这一门学问的著作。起初有几本是线装的；还有翻刻中国译本的，他们的翻译和研究新的医学，并不比中国早。

前文写到藤野先生来上课时带着大大小小很多书，这里点明了他带来的书都是“从最初到现今关于这一门学问的著作”。“我”在课堂上是非常专注的，所以也关注到了这些书。其中有线装本，以及翻刻的中国译本，由此“我”所想的是“他们的翻译和研究新的医学，并不比中国早”。从这些书可见中国也曾经有着领先的学术研究，这是值得“我”在内心为之骄傲的，这里表现出作者尽管是弱国子民却仍有着强烈的民族自尊心。但是日本如今是后来居上，而中国却处在落后挨打的境地，两相比较起来免不了让人心酸。

那坐在后面发笑的是上学年不及格的留级学生，在校已经一年，掌故颇为熟悉的了。他们便给新生讲演每个教授的历史。

所谓“掌故”原本指的是关于历史人物、典章制度的传说或故事，在此处指学校里曾经发生过的事。这些留级生在藤野先生做完自我介绍之后便发笑，可见藤野先生说话的语调是很有特点的。这些留级生想必也无心学习，关注的都是每个教授的外在表现并引之为谈资。而作者对藤野先生的认识最初也是来自这些无心学习的留级生口中。

这藤野先生，据说是穿衣服太模胡了，有时竟会忘记带领结；冬天是一件旧外套，寒颤颤的，有一回上火车去，致使管车的疑心他是扒手，叫车里的客人大家小心些。

他们的话大概是真的，我就亲见他有一次上讲堂没有带领结。

这里借其他学生之口，进一步描述了藤野先生的日常穿着。“模胡”指马虎不讲究，可见藤野先生并不特别注重衣着打扮，且不拘小节。此外，他冬天也只着一件旧外套以至被人当作扒手，表现出藤野先生生活的简朴。作者又用自己亲眼所见的事实印证了藤野先生穿衣马虎的特点。穿衣不甚讲究，无暇打扮，也不追求时髦，生活作风朴实无华，这样的藤野先生把大部分的精力都放在了学术研究上。

过了一星期，大约是星期六，他使助手来叫我了。到得研究室，见他坐在人骨和许多单独的头骨中间，——他其时正在研究着头骨，后来有一篇论文在本校的杂志上发表出来。

“我的讲义，你能抄下来么？”他问。

“可以抄一点。”

“拿来我看！”

这是文中写的第一件发生在作者和藤野先生之间的事，一开始藤野先生先让助手来叫“我”，可见这是藤野先生对“我”这个异国学子的主动关心。作者到了研究室，看见藤野先生仍旧在进行着学术研究——正研究头骨，而且也提到后来在本校杂志上发表了一篇相关论文。这一场景的刻画再次强化了藤野先生勤勉治学的学者形象。作者还原了当时师生之间的对话，藤野先生之所以会问“我”讲义能否抄下来，是因为考虑到“我”作为异国留学生，存在语言障碍，所以他格外关心，怕“我”因此无法抄下讲义，影响学业。在“我”表示可以抄一点之后，藤野先生还是坚持要来亲自看一看。

我交出所抄的讲义去，他收下了，第二三天便还我，并且说，此后每一星期要送给他看一回。我拿下来打开看时，很吃了一惊，同时也感到一种不安和感激。原来我

“二三天”突出时间之短，表现出藤野先生在收到讲义之后一定是争分夺秒地修改，唯恐耽误“我”的学业。“我”拿到讲义打开之后“很吃了一惊”。藤野先生是认真将讲义全部看过了，除了改正我讲义中有关学术部分，还改正了并不在他职责范围内的文法错误，并且修改是非常细致的，这出乎我的意料，所以“我”“很吃了一惊”。而“不

安”则来自自己讲义中有许多脱漏之处，并且还有文法错误，让老师一一订正了。改正文法错误这一点，是藤野先生想到“我”的异国留学生身份而额外做的，他对“我”的关心是发自内心的。这样的修改并不是只有一次，而是每周进行，不仅只针对一门功课，而是对所有藤野先生教授的功课，这样真切的关心给当时的“我”带来极大的温暖，让“我”感激。

的讲义已经从头到末，都用红笔添改过了，不但增加了许多脱漏的地方，连文法的错误，也都一一订正。这样一直继续到教完了他所担任的功课：骨学、血管学、神经学。

作者讲述的与藤野先生相处的第二件事是解剖图事件。在整个过程中藤野先生表现出了极大的耐心，说话的语气也是和蔼的。他指出了一条血管位置被“我”移动了这样一个学术错误，但是为了照顾到“我”的感受，他先退一步表明这样确实会美观一些。但是毕竟解剖图不是美术，需要忠实地还原客观事实，而不能随意创作，这是对于学术的严谨。在指出错误之后，藤野先生还亲自替“我”改好，并提醒“我”以后也要这么画。作为“我”的老师，藤野先生对“我”的教导是极有耐心的，态度也是非常温和的，但是在学术上他却丝毫不马虎。如今回

可惜我那时太不用功，有时也很任性。还记得有一回藤野先生将我叫到他的研究室里去，翻出我那讲义上的一个图来，是下臂的血管，指着，向我和蔼的说道：

“你看，你将这条血管移了一点位置了。——自然，这样一移，的确比较的好看些，然而

解剖图不是美术，实物是那么样的，我们没法改换它。现在我给你改好了，以后你要全照着黑板上那样的画。”

忆起来，作者写道，“可惜我那时太不用功，有时也很任性”。这是当下的“我”对当时的“我”的评价，“太”与“很”这两个词表现出“我”回忆往事时，对于自己当时学习还不够用功是带有悔意的。

但是我还不服气，口头答应着，心里却想道：“图还是我画的不错；至于实在的情形，我心里自然记得的。”

藤野先生指出了“我”的错误之后，“我”还有些不服气，觉得这血管在哪儿自己知道，图还是自己画得好看。在与藤野先生的相处之中，两人的关系也逐渐亲近起来，“我”才会产生这样有些孩子气的想法。

学年试验完毕之后，我便到东京玩了一夏天，秋初再回学校，成绩早已发表了，同学一百余人之中，我在中间，不过是没有落第。这回藤野先生所担任的功课，是解剖实习和局部解剖学。

此段印证了上文所说的“我那时太不用功”，不用功的结果便是成绩仅仅合格，处在中间。面对如此关照“我”学业的藤野先生，“我”如今回忆起来自己当时的不用功应该也是带着愧疚的。可惜那时候的“我”对于成绩也并不是很在乎，没有等成绩公布便去东京游玩了，回来之后才知道成绩早已公布。接着藤野先生将要教授解剖实习与局部解剖学，自然引出了下一件与解剖实习有关的事。

第三件事是藤野先生担心“我”不肯参加解剖实习。藤野先生产生这种担心的理由是，他听说中国人很敬重鬼。“敬重”这一词充分表现出藤野先生对于中国传统文化的尊重，理解“我”作为中国人的习惯。而之所以担心，是因为如果“我”不参加解剖实验，那么“我”就没有实践经验，这样是不可能真正学好解剖的。所以，“我”参加解剖实习一个星期之后，藤野先生放下心来，为“我”能因此学到有用的知识而发自内心地高兴。从与藤野先生相处的点滴中，我们可以感受到，藤野先生始终是非常关心“我”的学业的，并且也很尊重“我”，是发自内心地爱护“我”这样一个异国留学生。

解剖实习了大概一星期，他又叫我去了，很高兴地，仍用了极有抑扬的声调对我说道：

“我因为听说中国人是很敬重鬼的，所以很担心，怕你不肯解剖尸体。现在总算放心了，没有这回事。”

在与藤野先生交往的过程中也发生过“使我很为难”的事，就是藤野先生向“我”询问中国女人裹脚的事。“我”感到为难，一方面是因为“裹脚”和“盘辫子”一样，都是封建愚昧的象征，中国学生对此其实是比较敏感的，所以“我”会感到“为难”，这也是“我”内心的痛处。但是藤野先生却能够坦然地向作者询问，也表现出两人的关系日益亲近。藤野先生询问此事绝非出于猎奇心理，从他的

但他也偶有使我很为难的时候。他听说中国的女人是裹脚的，但不知道详细，所以要问我怎么裹法，足骨变成怎样的畸形，还叹息道，“总

要看一看才知道。究竟是怎么一回事呢？”

话中可以得知，作为研究骨科的学者，他是从学术角度出发，想来了解足骨畸形的。另一方面，作者之所以感到“为难”，是因为自己并不能从学术角度给出解答。最后藤野先生只能叹息，可见藤野先生对于学术的追求与严谨的科学态度。

有一天，本级的学生会干事到我寓里来了，要借我的讲义看。我检出来交给他们，却只翻检了一通，并没有带走。但他们一走，邮差就送到一封很厚的信，拆开看时，第一句是：

“你改悔罢！”

藤野先生会定期收“我”的讲义帮“我”修改错漏之处和语法错误，因此这一行为就被有心人看在了眼里。而“我”被格外关注的原因是因为他们本就看不起“我”这个留学生，认为“我”的成绩一定是通过不正当手段得来的。这些人对“我”也极度无礼，他们直接上门找“我”，又以借讲义的名义随意地翻检讲义。“翻检”表现出这些人的姿态高高在上，像寻找罪证一样妄图找出“我”作弊的证据。在翻看过有藤野先生标注的有错处的讲义之后，这些人就认定“我”是被泄了题。寄来的信第一句就是“你改悔罢！”，这些人的傲慢无礼从字里行间也显露无遗。

这是《新约》上的句子罢，但经托尔斯泰新近引用过的。其时正值日

“托尔斯泰主义”一方面揭露社会的黑暗，另一方面又坚决反对暴力抗恶，其中存在着诸多矛盾之处。而日本“爱国青年”的行为也是矛

盾的，一方面站在国家的立场上斥责托尔斯泰，一方面却又受他影响，要用他信中的语言滋事，所以后文作者称他们的信为“托尔斯泰式的信”，以揭露这些日本“爱国青年”矛盾行为的愚蠢。

俄战争，托老先生便写了一封给俄国和日本的皇帝的信，开首便是这一句。日本报纸上很斥责他的不逊，爱国青年也愤然，然而暗地里却早受了他的影响了。

作者特意将“末尾是匿名”作为单句，意在强调这一行为，和这些人言之凿凿形成了鲜明的对比。这些人并没有证据，但是又对“我”有偏见，歧视“我”，所以抓到蛛丝马迹就要污蔑“我”，只是这群人敢做不敢当，所以不敢署名，一句“末尾是匿名”极富讽刺意味。

其次的话，大略是说上年解剖学试验的题目，是藤野先生在讲义上做了记号，我预先知道的，所以能有这样的成绩。末尾是匿名。

将信的内容与之前的经历结合起来，“我”明白了那些学生会干事之所以在“请全数到会勿漏为要”的“漏”字旁边加了一个圈，是隐指藤野先生在替“我”改正讲义的时候做了记号，向“我”透露了题目。而事实上，藤野先生从未向“我”透露过题

我这才回忆到前几天的一件事。因为要开同级会，干事便在黑板上写广告，末一句是“请全数到会勿漏为

要”，而且在“漏”字旁边加了一个圈。我当时虽然觉到圈得可笑，但是毫不介意，这回才悟出那字也在讥刺我了，犹言我得了教员漏泄出来的题目。

目，他替“我”修改讲义完全是出于对“我”这个异国留学生的关心，反观那些所谓日本“爱国青年”无端恶意揣测，无中生有地污蔑“我”的行为，心胸狭隘，品格卑劣，与藤野先生形成了鲜明对比。

我便将这事告知了藤野先生；有几个和我熟识的同学也很不平，一同去诘责干事托辞检查的无礼，并且要求他们将检查的结果，发表出来。终于这流言消灭了，干事却又竭力运动，要收回那一封匿名信去。结末是我便将这托尔斯泰式的信退还了他们。

中国是弱国，

虽然匿名信事件告一段落，流言消灭了，但是作者内心却依然感到不平，只是这份不平并不只是因为自己受到了污蔑。“中国是弱国，所以中国人当然是低能儿”这句话表现出作者事后愤愤不平的心理，“弱国”与“低能儿”之间根本不存在因果关系，但是作者却用“所以”在两者之间建立了因果关系，并且还要加上“当然”来强调这种因果关系，越是肯定就越反衬出这种逻辑的荒谬。接着作者还用“也无怪乎他们疑惑”来表达出对这种荒谬逻辑的“理解”，但是很显然，作者用这样看似平淡的语气，表达出的实则是自己在遭受不公和欺辱之后极大的心酸和愤慨。作者将自己受辱归结于自己来自弱国，所以那些人对自己的污蔑实则是对自己国家的歧视，作者难以压抑的愤恨不平来自强烈的民族自尊心受辱。这种作为弱国来的留学生被区别对待的事时常发生，但是在与藤野先生交往的过程中，藤野先生却始终没有这样的偏见，他尊重“我”的文化传统，真心地照顾“我”，与这些人截然不同。

所以中国人当然是低能儿，分数在六十分以上，便不是自己的能力了：也无怪他们疑惑。

但我接着便有参观枪毙中国人的命运了。第二年添教霉菌学，细菌的形状是全用电影来显示的，一段落已完而还没有到下课的时候，便影几片时事的片子，自然都是日本战胜俄国的情形。但偏有中国人夹在里边：给俄国人做侦探，被日本军捕获，要枪毙了，围着看的也是一群中国人；在讲堂里的还有一个我。

幻灯片事件对作者整个人生走向有着极大的影响，可以说此事促使作者弃医从文，走上了文艺救国的道路。看的影片是关于日俄战争的，但是却偏偏有中国人在里面，给俄国人做侦探的是中国人，围观这个被抓起来枪毙的中国人的也是中国人，他们麻木地围观，做着事不关己的看客。影片中有中国人，围观的是中国人，“在讲堂里的还有一个我”表明这时候作者并没有把自己与影片中的中国人割裂开，“我”与这些中国人是血脉相连的同胞，他们是自己深爱的祖国的人民。

"万岁！"他们都拍掌欢呼起来。

这种欢呼，是每看一片都有的，但在我，这一声却特别听得刺耳。此后回到中国来，我看见那些闲看枪毙犯人的人们，他们也何尝不酒醉似的喝采，——呜呼，无法可想！但在那时那地，我的意见却变化了。

在看电影的时候，那些课堂上的日本同学高呼"万岁""拍掌欢呼起来"，会让"我"觉得刺耳，那些人以看"我"同胞的苦难为乐，这无情地践踏着一个民族的尊严，深深刺痛了"我"的心。孤身一人在课堂中的"我"此时是如此愤慨却又是如此无助，所以回到中国之后看到那些"闲看枪毙犯人的人们"发出了"呜呼，无法可想！"的悲鸣。在经历了这一切之后，作者的意见变化了，作者觉得自己需要唤醒麻木不仁的同胞。曾经，作者想通过学医来医治像自己父亲那样被耽误的病人，但是经历了在课堂上独自一人的激愤，看到同胞仍然麻木地做着看客，最终改变了想法，想弃医从文，要用文字来唤醒同胞的意识。

到第二学年的终结，我便去寻藤野先生，告诉他我将不学医学，并且离开这仙台。他的脸色仿佛有些悲哀，似乎想说话，但竟没有说。

幻灯片事件虽然与藤野先生并不直接相关，但是却是作者决定弃医从文后与藤野先生道别的原因。在写与藤野先生道别的场景时，作者对藤野先生进行了肖像描写，藤野先生的脸色是"悲哀"的，想说什么但是却没有说。透过藤野先生这样的表现，我们可以看出藤野先生对"我"的决定是感到可惜的，但是却仍然尊重"我"的决定，没有阻拦"我"的离去，所以并没有说什么。

在与藤野先生的交往中，“我”深深感念藤野先生对“我”的关心与爱护，也明白藤野先生一直以来非常关心“我”的学业。如今“我”决定不再学医，藤野先生的表现是“凄然”的，可见他是真的希望“我”能够学好医学。如今，“我”却要离开了，怕因此伤害了藤野先生，令他失望，所以说了一个谎。

“我想去学生物学，先生教给我的学问，也还有用的。”其实我并没有决意要学生物学，因为看得他有些凄然，便说了一个慰安他的谎话。

师生之间的互相理解，两人深厚的情谊让人深深感动。尽管作者用了一个善意的谎言来安慰藤野先生，但是他仍然还是“叹息”了，自己教授的知识恐怕是帮不上作者了，他还是万分遗憾的。

“为医学而教的解剖学之类，怕于生物学也没有什么大帮助。”他叹息说。

临别时，藤野先生郑重地将“我”邀请到他家里，在相片背后写上“惜别”二字，还叮嘱“我”以后要时时通信告诉他此后的状况，这张照片承载着太多的情：浓浓的师生情，离别的不舍，对学生未来的牵挂……在军国主义盛行的日本，藤野先生能够毫无民族偏见，发自内心地关心“我”这样一个异国留学生，与“我”结下如此深厚的情谊，是极为不易的，也可见其人格的伟大。后来，这张相片被作者很好地收藏

将走的前几天，他叫我到他家里去，交给我一张照相，后面写着两个字道：“惜别”，还说希望将我的也送他。但我这时适值没有照相了；他便叮嘱我将来照了寄给他，

并且时时通信告诉他此后的状况。

着，时时警醒自己，可见藤野先生不仅是教授知识的老师，更在精神上对作者有着很深的影响。藤野先生对作者寄寓的厚望，藤野先生伟大的人格，时时刻刻激励着作者。

我离开仙台之后，就多年没有照过相，又因为状况也无聊，说起来无非使他失望，便连信也怕敢写了。经过的年月一多，话更无从说起，所以虽然有时想写信，却又难以下笔，这样的一直到现在，竟没有寄过一封信和一张照片。从他那一面看起来，是一去之后，杳无消息了。

在与藤野先生道别之后，作者的处境是艰难的，虽然决心弃医从文，但是从文的道路却非常坎坷，他处处碰壁，并没有做出什么值得称道的成绩。想到藤野先生对自己寄寓的厚望，再联系自己失败的现状，作者怕先生失望，所以再也没有同先生联系。从藤野先生那里看起来就是“杳无消息”了，没有收到任何消息的藤野先生应该也是担心挂念的吧。

但不知怎地，我总还时时记起他，在我所认为我师的之中，他是最使我

虽然与藤野先生分别了，但是“我”却始终没有忘记藤野先生，“最”表明了“我”对藤野先生感情之深。“我”对藤野先生的感激来自在“我”孤身一人于日本求学，在最迷茫彷徨的时候是藤野先生给予“我”最真切的关心，让“我”感到温暖，而

藤野先生对“我”寄寓的厚望让“我”深受鼓励，但是又远不止于此。

感激，给我鼓励的一个。

“小而言之”是藤野先生希望作者能够作为新医学的传播者，将新医学带到中国，造福群众；“大而言之”则是藤野先生将目光放在了整个医学上，新的医学不应该有国家的隔阂，作为一门造福人类的学问，新医学应该被更广泛地传播出去，无论是传到中国还是别的国家。作为学者的藤野先生，以无私的学术的目光，希望能为新医学的传播做出贡献。“为学术”是他所有行为表现的准则和出发点，而“为中国”正是从“为学术”的总目标出发的。他希望中国有新的医学，因而在他身上“为中国”与“为学术”这两个目的是一致的。

有时我常常想：他的对于我的热心的希望，不倦的教诲，小而言之，是为中国，就是希望中国有新的医学；大而言之，是为学术，就是希望新的医学传到中国去。

在作者心目中，藤野先生是“伟大”的。藤野先生之伟大，就在于他有这样广阔的胸襟与眼光，对于学术有赤诚与热心。正是因为有这样伟大的人格，所以他对学术有着执着的追求，也能够抛开民族偏见，真诚地对待来自弱国的“我”，又能够尊重“我”。

他的性格，在我的眼里和心里是伟大的，虽然他的姓名并不为许多人所知道。

他所改正的讲义，我曾经订成三厚本，收藏着的，将作为永久的纪念。不幸七年前迁居的时候，中途毁坏了一口书箱，失去半箱书，恰巧这讲义也遗失在内了。责成运送局去找寻，寂无回信。

藤野先生修改过的讲义被作者装订在一起，很用心地收藏起来了。作者已经不再学医，这份讲义的内容对作者而言已经没有什么用处了，但是作者仍很好地收藏着，正是因为这份讲义中饱含着藤野先生的关爱与厚望，这是作者久久不能忘怀，时刻感念在心的。即便遗失后，作者也立刻要去找回，可惜最终还是丢失了。

只有他的照相至今还挂在我北京寓居的东墙上，书桌对面。

此处照应上文，藤野先生临别时送的那张照片也被郑重地挂在北京寓居的东墙上，在书桌的对面。书桌是鲁迅先生战斗的场所，鲁迅挂在此处也是希望以此照片时时刻刻警醒自己。

每当夜间疲倦，正想偷懒时，仰面在灯光中瞥见他黑瘦的面貌，似乎正要说出抑扬顿挫的话来，便使我忽又良心发现，而且增加勇气了，于是点上

望着照片，作者仿佛又看到了藤野先生的身影，听到他独有的说话的声音。更重要的是，想到这身影、这声音，作者便会想起藤野先生伟大的人格和对自己的厚望，这张照片是鞭策自己不断斗争的精神源泉。“正人君子”是反语，用以讽刺那些为军阀政客张目而自命为“正人君子”的文人。此段中我们仿佛看见作者点上烟，于灯下横眉冷对、

奋笔疾书的坚毅剪影。在艰难的环境下，作者勇敢地战斗着，试图用笔来唤醒国民，对于藤野先生的深切怀念转化为了实际的行动。

一枝烟，再继续写些为“正人君子”之流所深恶痛疾的文字。

从全文来看，作者写了诸多事例，但是有不少与藤野先生并无直接关系。文章先从“我”在东京的所见所闻写起，此处“清国留学生”无心学习，过着庸俗麻木的生活，让“我”决心离开前往仙台。这是“我”与藤野先生结识的起因。1902 年鲁迅先生前往日本留学，当时整个国家处于风雨飘摇之中，也是鲁迅人生最困惑的阶段。怀着救国之志的鲁迅，在东京没有找到解决之道，前往仙台时内心是孤寂而彷徨的。也就是在这样的情形下，鲁迅结识了藤野先生。接着是行文叙事的重点，写“我”在仙台与藤野先生的交往，藤野先生对学术的严谨，对“我”的关心，以及毫无民族偏见的高尚人格深深感染了“我”，“我”也与他结下了深厚的情谊。再后来因为幻灯片事件，“我”决心弃医从文，这也是“我”离开藤野先生的直接原因。虽然离别了先生，但是先生的境界和对“我”的期望却给了“我”无声的鼓励，让“我”在黑暗的现实中仍有勇气以笔战斗。由此可见，虽然有些事情并没有藤野先生的参与，但是却都与藤野先生有联系，全文是围绕“我”与藤野先生相交往的经过展开叙事的，赞颂了他高尚的品格，表达了“我”对藤野先生的感激与怀念。此外，本文是鲁迅于1926年在厦门大学所写的，当时正值第一次国内革命战争，国内的政治环境极为恶劣。这年秋天，在反动军阀及所谓“正人君子”的迫害下，鲁迅离开北京，来到厦门。他在一封信中曾说：“我来厦门，虽是为了暂避军阀官僚‘正人君子’们的迫害；然而小半也在休息几时，使有些准备。”所谓“休息”和“准备”，乃是回顾自己走过的革命路程，清理和解剖自己的思想，总结斗争经验，以迎接新的、更大的战斗。《藤野先生》正是写于此时，所以此文既是回忆与藤野先生交往的过程，也是鲁迅在梳理回顾自己的革命心路与历程。在与藤野先生交往的过程中，交织着鲁迅思想与情感的变化。当初为寻找救国救民出路而赴日学医的鲁迅，在东京并未如愿，然后前往仙台遇见了藤野先生。这条路上鲁迅遇到了许多困难，而藤野先生给予了鲁迅许多帮助。在日本学医时藤野先生给予鲁迅这个异国留学生许多温暖，在这一过程中鲁迅却决心弃医从文，要以文字来唤醒麻木的群众。回国以后，鲁迅继续斗争，处境艰难想偷懒时，还是藤野先生给予鲁迅无声的鼓励和勇气，使他有勇气继续用笔战斗。“他的对于我的热心的希望，不倦的教诲，小而言之，是为中国，就是希望中国有新的医学；大而言之，是为学术，就是希望新的医学传到中国去”，道出了藤野先生对鲁迅精神影响至深的根本原因，藤野先生在鲁迅身上寄寓了传播新医学到中国，造福人民的希望，这与鲁迅想要救国救民的爱国主义情感产生了强烈共鸣，作者也以此文表达了自己坚定的革命理想。

回忆我的母亲·美德的颂歌

作者◎朱德
解读者◎蒋白鹭

本文是一篇回忆性散文。在阅读时，首先，我们要特别注意叙述视角可能会交错出现的情况，即“我”的叙述视角和作者写文章时的回忆视角交错出现在散文中。其次，我们可能会阅读到两种“我”的感受，文中“我”的感受以及作者在写文章时“我”的感受，这也是回忆性散文的典型特征。除了上述特点，本文还有情感丰富、言语蕴藉等特点，阅读时我们都应注意这些。

回忆我的母亲

美德的颂歌

得到母亲去世的消息，我很悲痛。我爱我母亲，特别是她勤劳一生，很多事情是值得我永远回忆的。

> 开篇直接表达自己对母亲的爱，并点出母亲的特点“勤劳”。母亲是一位平凡而又伟大的劳动妇女，是劳动美的典型。作者用朴实无华的语言，既交代了文章的写作缘起，又高度概括了母亲勤劳一生的特点，成为全篇回忆母亲的一个十分清晰的总枢纽。

我家是佃农。祖籍广东韶关，客籍人，在“湖广填四川”时迁移四川仪陇县马鞍场。

> “佃农”通常是指旧时农村中以租种土地为生的农民，自己是不占有土地的。“佃农”“客籍”都能看出“我家”在不属于自己的土地上扎根，生活的艰苦不言而喻。

世代为地主耕种，家境是贫苦的，和我们来往的朋友也都是老老实实的贫苦农民。

> 此句连用两个“贫苦”，表明贫苦是当时生活的底色。无论是作者一家的生活还是他身边来往的朋友们都很贫苦，贫苦是当时中国农民无法摆脱的状况，虽贫苦但是却“老老实实”，是当时艰苦勤奋的劳动人民的真实写照。

母亲一共生了十三个儿女。因为家境贫穷，无法全部养活，只留下了八个，以后再生下的被迫溺死了。这在母亲心里是多么惨痛悲哀和无可奈何的事情啊！

没有母亲是不爱自己孩子的，要亲生母亲忍痛割爱，她必然要承受很大的痛苦。因为贫穷而被迫溺死自己的孩子，“是多么惨痛悲哀和无可奈何的事情啊！”。在土里刨食的农民，靠力气吃饭，人多力量才大。可是劳力还得从孩子长起，孩子多了，贫寒的家庭自然无力承受。孩子是母亲身上的骨肉，看似残忍的行为饱含着母亲的多少无奈，但凡有一点儿办法都不至如此。即便是这样，贫苦的家庭要养大八个儿女又谈何容易。文章开始就为回忆母亲打下了灰色的基调，沉重压抑。

母亲把八个孩子一手养大成人。可是她的时间大半被家务和耕种占去了，没法多照顾孩子，只好让孩子们在地里爬着。

养大八个孩子不是容易的事，“她的时间大半被家务和耕种占去了，没法多照顾孩子”。这是一位坚强的母亲，我们也为母亲的不易而心酸。

母亲是个好劳动。

中心句起头，后文围绕着母亲的“好劳动”具体展开。

“从我能记忆时起”说明在“我”很小的时候，母亲就这样劳碌不停。“全家二十多口人”，这惊人的数字让人唏嘘，母亲要为一家老小操心，可见当时劳动妇女生活不易。

从我能记忆时起，总是天不亮就起床。全家二十多口人，妇女们轮班煮饭，轮到就煮一年。

把生活中的琐事一一具体列举出来，不禁让读者直观感受到了母亲的忙碌。这句话中作者使用的是逗号而不是顿号，更能延长这种劳动带来的疲惫感，表现了作者对母亲独立支撑家庭的感激以及对她单薄的身躯担起多项家务劳动的敬意。

母亲把饭煮了，还要种田，种菜，喂猪，养蚕，纺棉花。

又因为“她身体高大结实”，不只是妇女的活儿，粗活累活“挑水挑粪”她也不落下，所以行文一开头就直抒胸臆说出母亲“勤劳”。勤劳是母亲留给“我”最深刻的印记。

因为她身体高大结实，还能挑水挑粪。

这一句承接上文。“这样地”即指上文中所写的每天繁重的劳动。“整日”说明从早到晚，没有一丝空闲。母亲每日都如此，没有一天例外。作者对母亲，是敬重而又心疼的。

母亲这样地整日劳碌着。

我到四五岁时就很自然地在旁边帮她的忙，到八九岁时就不但能挑能背，还会种地了。

“很自然地”说明母亲对我的影响是巨大的，“我”感受到母亲的辛苦不易，想为母亲分担一些家务。因此，小小年纪的“我”，却已经能自然地在旁边帮她的忙了。

记得那时我从私塾回家，常见母亲在灶上汗流满面地烧饭，我就悄悄把书一放，挑水或放牛去了。

“常见母亲在灶上汗流满面地烧饭”这一细节，写出了母亲干活时候的辛苦，而那时的“我”心疼母亲，常常“悄悄把书一放”，替母亲分担家务。

有的季节里，我上午读书，下午种地；一到农忙，便整日在地里跟着母亲劳动。这个时期母亲教给我许多生产知识。

母亲“教给我许多生产知识”，这里强调了母亲的言传身教对自己的影响。这也在勉励我们，要向劳动人民学习，学习他们丰富的生产知识，学习他们顽强的战斗意志。

佃户家庭的生活自然是艰苦的，可是由于母亲的聪明能干，也勉强过

有滋味的饭菜证明了母亲的“聪明能干”，“聪明”是前提，证明母亲是勤俭持家的能手。正因为有一个聪明能干的母亲，贫穷的日子

也能过得有滋有味。“豌豆饭、菜饭、红薯饭、杂粮饭”食材都很普通，既能看出当时生活的艰苦，又表明由于母亲的聪明能干，让贫苦家庭拥有了特有的幸福。

得下去。我们用桐子榨油来点灯，吃的是豌豆饭、菜饭、红薯饭、杂粮饭，把菜籽榨出的油放在饭里做调料。

“看也不看”“有滋味”两相对比，既表现出作者对地主家穷奢生活的蔑视，也突出了母亲善持家务、聪慧能干，表达了作者对母亲的怀念。

这类地主富人家看也不看的饭食，母亲却能做得使一家人吃起来有滋味。

“才能”说明并不是每年都能缝制新衣服，可见日子的艰难。母亲自己动手，做成“家织布”，特别耐穿，可见母亲聪明能干，勤俭持家。这一段表现了母亲心灵手巧，亦表现出作者对母亲的敬佩与感激之情。

赶上丰年，才能缝上一些新衣服，衣服也是自己生产出来的。母亲亲手纺出线，请人织成布，染了颜色，我们叫它“家织布”，有铜钱那样厚。

一套衣服一家小孩轮流穿，既能看出“家织布”特别耐穿，体现了母亲的智慧和勤俭，也写出了当时生活的贫苦。

一套衣服老大穿过了，老二老三接着穿还穿不烂。

勤劳的家庭是有规律有组织的。

本句的“规律”“组织”具体体现在后文祖父坚持劳动—祖母分派工作—全家各司其职—相处和睦等一系列描述中。

我的祖父是一个中国标本式的农民，到八九十岁还非耕田不可，不耕田就会害病，直到临死前不久还在地里劳动。祖母是家庭的组织者，一切生产事务由她管理分派，每年除夕就分派好一年的工作。

“中国标本式的农民”是指具有中国农民勤劳质朴共同特点的农民。“非耕田不可”双重否定，强调祖父热爱劳动的习惯终生不变。而祖母是家庭的组织者，每年除夕就分派好一年的工作，体现了家庭的“规律”与“组织”。在这里不只写了母亲，还穿插了祖父、祖母等人的事务。由此说明，在那样的时代背景下，勤劳不仅是母亲的优秀品质，也是这个大家庭代代传承的优秀品质，更是中国劳动人民的优秀品质。

每天天还没亮，母亲就第一个起身，接着听见祖父起来的声音，接着大家都离开床铺，喂猪的喂猪，砍柴的砍柴，挑水的挑水。

“每天天还没亮”突出母亲一生勤劳，一贯如此。这里写家人起床用语错落有致，写家人劳作句式整齐，也呼应了前文“勤劳的家庭是有规律有组织的”。

母亲在家庭里极能任劳任怨。她性格和蔼，没有打骂过我们，也没有同任何人吵过架。因此，虽然在这样的大家庭里，长幼、伯叔、妯娌相处都很和睦。

> 任劳任怨、性格和蔼是母亲美好的品德，“极能”是对母亲勤劳的高度评价，表明是非同一般的勤劳。这段话突出了人物的性格特征，并进一步表明母亲对作者的成长影响很大。正是母亲的这些品德影响着家人，使这样一个人数众多的大家庭也能如此和睦。

母亲同情贫苦的人——这是朴素的阶级意识，虽然自己不富裕，还周济和照顾比自己更穷的亲戚。她自己是很节省的。

> 此时的作者对母亲的思想层面有了认识，这一时期的母亲对本阶级同情，对剥削阶级憎恨与厌恶，因此虽然自己不富裕，但还周济和照顾比自己更穷的亲戚。这种对穷苦人民的同情是难能可贵的，也蕴含着作者对母亲的敬佩之情。

父亲有时吸点旱烟，喝点酒；母亲管束着我们，不允许我们染上一点。母亲那种勤劳俭朴的习惯，母亲那种宽厚仁慈的态度，至今

> 母亲对自己要求严格，给孩子们做了一个好的榜样。她对孩子也是严格管束，希望孩子养成节俭的良好习惯。母亲潜移默化地影响着作者，所以作者怀着崇敬的心情赞叹道：“母亲那种勤劳俭朴的习惯，母亲那种宽厚仁慈的态度，至今还在我心中留有深刻的印象。”

还在我心中留有深刻的印象。

两个“不”字，语气强烈，表达了作者对中国农民饱受灾难的同情，同时也是为后文提及自己内心油然而生一种拯救千千万万中国农民于灾难之中的责任感做铺垫。双重否定的使用更加突出了作者对广大中国农民的态度。

但是灾难不因为中国农民的和平就不降临到他们身上。

作者在前文已经交代了贫苦的家庭在平常年月凭着一家人勤劳刻苦节衣缩食仅能勉强填饱肚子，勉强维持生存的情况。可是遇到天灾人祸，就会雪上加霜脆弱不堪。庚子年前后四川的连年旱灾对贫苦农民就是灭顶之灾。

庚子年（1900）前后，四川连年旱灾，很多的农民饥饿、破产，不得不成群结队地去“吃大户”。

“吃大户”是农民一种自发的斗争形式。如果不是贫到“无路可走”，谁又会愿意铤而走险呢？而对于这样为生活所迫的反抗行动，万恶的反动统治阶级总是进行野蛮的镇压。农民只想求得温饱，换来的却是所谓官兵的凶杀毒打。

我亲眼见到，六七百穿得破破烂烂的农民和他们的妻子儿女被所谓官兵一阵凶杀毒打，血溅四五十里，哭声动天。

在这样的时代背景之下，作者一家的生活自然也是艰苦的，只能

在这样的年月里，我家也遭受更多的

吃点小菜叶和高粱，白米通年不曾吃，而这只是他们家被地主欺压的一个缩影。作者特别列举了乙未年地主威胁着我家退佃，逼着我们搬家这样一个事例来体现当时生活的艰难。自然的灾害，官兵的凶狠，地主的无情，让灰色的生活底色变成了黑色。“我”家在除夕之夜被迫退租，被迫搬家，家人被迫分离。除夕夜，团圆时，以乐衬哀，哀伤之感倍增。作者在平静的叙述中潜藏着悲愤。“最悲惨”体现了作者记忆的深刻，此时的困苦已到极致。当“我们一家”陷入绝境，一家人都哭泣不止的时候，母亲又是怎样的呢？本段用这样的背景为后文刻画母亲的人物形象做了铺垫。

困难，仅仅吃些小菜叶、高粱，通年没吃过白米。特别是乙未（1895）那一年，地主欺压佃户，要在租种的地上加租子，因为办不到，就趁大年除夕，威胁着我家要退佃，逼着我们搬家。在悲惨的情况下，我们一家人哭泣着连夜分散。从此我家被迫分两处住下。人手少了，又遇天灾，庄稼没收成，这是我家最悲惨的一次遭遇。

这句话说明母亲的思想已经觉醒。母亲刚毅、倔强、爱憎分明的品格，是中国劳动妇女优秀品德的集中体现。正是母亲给了向往革命的幼年时期的作者以良好的启示。

母亲没有灰心，她对穷苦农民的同情和对为富不仁者的反感却更强烈了。

母亲沉痛的三言两语的诉说以及我亲眼见到的许多不平事实，启发了我幼年时期反抗压迫追求光明的思想，使我决心寻找新的生活。

在这样的一个时代大背景下，母亲却始终坚强不屈，她鼓励“我”去寻找新的生活。“沉痛的三言两语的诉说”，这句恰恰与平日里宽厚仁慈、任劳任怨的母亲形成鲜明对比，反映出母亲对封建剥削阶级的仇恨力度又上了一个台阶。母亲的影响以及“我”目睹的社会现实在“我”心里种下了反抗压迫、追求光明的种子。

我不久就离开母亲，因为我读书了。我是一个佃农家庭的子弟，本来是没有钱读书的。那时乡间豪绅地主的欺压，衙门差役的横蛮，逼得母亲和父亲决心节衣缩食培养出一个读书人来“支撑门户”。我念过私塾，光绪三十一年（1905）考了科举，以后又到更远的顺庆和成都去读书。

从前文提到的家境和时代大背景下的环境情况来看，“我”读书这件事原本是不可能的。但是，“乡间豪绅地主的欺压，衙门差役的蛮横，逼得母亲和父亲决心节衣缩食培养出一个读书人来‘支撑门户’”，这反映出母亲面对强权势力再也不像以前那样只有仇恨的态度，而是采取了实际行动——供“我”读书来支撑门户，反映了母亲不甘被欺凌的思想认识。劳动人民摆脱剥削阶级压迫的合理愿望，和上文的念私塾对应上了。

家境如此困难，生活水深火热，能一下子拿出一大笔支撑“我”读书的钱，对于当时的农民也是不可能的。在这样的状况下，母亲借钱供“我”读书，表现出母亲想要摆脱贫困和欺压的骨气。这是一个要强的、有卓识的母亲。正是因为母亲供“我”读书，才让“我”得以接受教育，母亲对“我”的成长起着重要作用。

这个时候的学费都是东挪西借来的，总共用了二百多块钱，直到我后来当护国军旅长时才还清。

上一段作者提到，在他求学期间，尽管学费是东挪西借来的，总共负了二百多块钱的债，母亲仍然一直支持他。接着，作者叙述了“我”瞒着母亲远走云南，参加新军和同盟会，献身于改造中国进步事业的事。母亲和父亲节衣缩食供“我”读书原本是为了“支撑门户”，摆脱受人欺负的家族命运。可“我”却要远走他乡，跑去革命，看起来似乎辜负了父母的期望。“我”之所以瞒着母亲，是怕母亲担心和反对。而母亲“不但不反对”，还给“我”“许多慰勉”，这足以表明，母亲是一个识大体、顾大局的人，她支持作者走上革命的征途。意外之余，作者对母亲深明大义的钦佩和感激也蕴含其中。

光绪三十四年（1908）我从成都回来，在仪陇县办高等小学，一年回家两三次去看母亲。那时新旧思想冲突得很厉害。我们抱了科学民主的思想，想在家乡做点事情，守旧的豪绅们便出来反对我们。我决心瞒着母亲离开家乡，远走云南，参加新军和同盟会。我到云南后，从家信中知道，我母亲对我这一举动不但不反对，还给我许多慰勉。

从宣统元年(1909)到现在，我再没有回过一次家，只在民国八年(1919)我曾经把父亲和母亲接出来。但是他俩劳动惯了，离开土地就不舒服，所以还是回了家。父亲就在回家途中死了。母亲回家继续劳动，一直到最后。

这里父母的“不舒服”，是指他们对土地有一种特殊的感情，这正是中国农民的一大特点，一生都不愿离开土地，脱离劳作。“一直”也能看出母亲一生不间断劳动，确实是“勤劳一生”，这是中国农民朴实的本色。从这几句中我们可以看出中国农民对土地的眷恋之情和勤劳的美德。

中国革命继续向前发展，我的思想也继续向前发展。

回忆“我”的母亲，实际也回忆了自己思想的成长过程。

当我发现了中国革命的正确道路时，我便加入了中国共

兵荒马乱的年代，儿子在外从事着危险的工作，杳无音信，生死未卜，作为母亲，她该多么牵肠挂肚；同时，作为革命者的母亲，她又多么

担惊受怕。短短两句话，既表现出母亲的勤劳、坚强，也体现出儿子深藏心中的对母亲的愧疚。

产党。大革命失败了，我和家庭完全隔绝了。母亲就靠那三十亩地独立支持一家人的生活。

母亲原本朴素的阶级意识得到升华。“母亲知道我所做的事业”“她知道我们党的困难”，表现出母亲的宽容、理解、支持，她境界之高，令人敬佩！

抗战以后，我才能和家里通信。母亲知道我所做的事业，她期望着中国民族解放的成功。她知道我们党的困难，依然在家里过着勤苦的农妇生活。

自古忠孝难两全。为了民族事业奔忙，“我”竟无法与母亲相见，甚至母亲去世时也不在她身边。在中国最动荡不安的时期，军阀混战，列强入侵，民不聊生，“我”投身民族抗战事业，连母亲生前唯一的见上一面的愿望都不能满足。慰藉母亲的，唯有微薄的钱和几张照片，唯有永远的想念。我们在文章的一开始就得知作者“得到母亲去世的消息”，母亲去世，作者只是得到消息，可见未在母亲身旁。母亲临终前也未能见到儿子。为了伟

七年中间，我曾寄回几百元钱和几张自己的照片给母亲。母亲年老了，但她永远想念着我，如同我永远想念着她一样。去年收到侄儿的来信说：“祖母今年已有八十五

岁，精神不如昨年之健康，饮食起居亦不如前，甚望见你一面，聊叙别后情景。”但我献身于民族抗战事业，竟未能报答母亲的希望。

大的民族抗战事业，母亲忍受着思念儿子的痛苦，这是一位多么伟大的母亲！抗战事业的胜利正是因为有千千万万这样的母亲的支持。一个“竟”字，包含了作者几多遗憾，几多歉疚，几多悲痛。同时，作者笔下母亲高大的形象挺立在我们面前，令我们钦佩，使我们敬仰。

母亲最大的特点是一生不曾脱离过劳动。

简短的一句话，用了“最大”“一生”“不曾”，再三强调了母亲对劳动的热爱。正是这种热爱，影响了“我”，让“我”对劳动、对广大劳动人民拥有深厚的情感。

母亲生我前一分钟还在灶上煮饭。虽到老年，仍然热爱生产。去年另一封外甥的家信中说：“外祖母大人因年老关系，今年不比往年健康，但仍不辍劳作，尤喜纺棉。”

劳动贯穿母亲一生，勤劳是母亲最美的品质，勤生智，勤生俭，勤生善。勤劳是母亲的本色，生活贫困时劳动是为了维持生计，而到了晚年劳动则是一种喜好。劳动已经成为母亲一生的习惯，也是母亲照亮贫苦生活的火把。母亲在“生我前一分钟”这样特定的时刻“煮饭”，说明劳动已成为她生命的一部分。母亲是一个劳动妇女，在她身上十分突出地体现了中华民族吃苦耐劳的美德。作者对母亲的颂扬，也是对劳动妇女的颂扬，是对我们中华民族优秀品德和优良传统的颂扬。

母亲对子女的影响是巨大的，在贫苦的日子里，母亲勤于劳作，勤俭持家，战胜困难。这一切都影响着“我”，使“我”受益终身。坚强的母亲必然会带出同样具有优秀品质的孩子。革命工作是艰苦的，朱德作为革命者，在艰苦卓绝的斗争面前毫不动摇，勇挑重担，始终保持坚定的革命意志，这和母亲的影响是分不开的。“她教给我与困难作斗争的经验”，当时的“我”没有深刻体会到，现在的“我”更加全面、深刻地理解了母亲的勤劳。

我应该感谢母亲，她教给我与困难作斗争的经验。我在家庭中已经饱尝艰苦，这使我在三十多年的军事生活和革命生活中再没感到过困难，没被困难吓倒。母亲又给我一个强健的身体，一个勤劳的习惯，使我从来没感到过劳累。

反复述说“我应该感谢母亲”，表达悼念、赞颂之情。作者回顾母亲的勤劳一生，对母亲的感恩与敬重之情喷涌而出。母亲始终如一地积极支持作者投身革命。作为劳动人民的一员，母亲的这种支持是有深远意义的。“在这条路上，我一天比一天更加认识：只有这种知识，这种意志，才是世界上最可宝贵的财产。”这句话表达了作者对母亲传授自己生产知识，培养自己革命意志力的感恩之情，也使作者真正意识到，母亲影响自己的这两点，正是世界上最宝贵的财富。

我应该感谢母亲，她教给我生产的知识和革命的意志，鼓励我以后走上革命的道路。在这条路上，我一天比一天更加认识：只有这种知识，这种意志，才是世界上最可宝贵的财产。

母亲现在离我而去了，我将永不能再见她一面了，这个哀痛是无法补救的。

母亲离“我”而去，是“我”心中永久的遗憾，作者心中肯定有说不尽的懊丧，因此“这个哀痛是无法补救的”，再次表达了作者对母亲“离我而去”的万分悲痛之情和热爱母亲的真挚感情。

母亲是一个平凡的人，她只是中国千百万劳动人民中的一员，但是，正是这千百万人创造了和创造着中国的历史。

社会的财富，人类的历史，就是由像母亲这样的平凡而又伟大的劳动人民所创造的。作者对母亲的热爱，其实也是对劳动人民的热爱；作者既是对母亲的赞颂，同时也是对像母亲这样勤勤恳恳的劳动人民的赞颂。一个劳动者是平凡的，无数平凡的劳动者就会创造出伟大的国家。

我用什么方法来报答母亲的深恩呢？我将继续尽忠于我们的民族和人民，尽忠于我们的民族和人民的希望——中国共产党，使和母亲同样生活着的人能够过快乐的生活。这是我能做到的，一定能做到的。

作者把他怀念母亲的深厚感情同热爱民族、热爱人民的革命感情交织起来，融为一体。设问句“用什么方法来报答母亲的深恩呢？”发人深思，不能使母亲过上快乐的生活，是“我”的遗憾，但为了使千千万万的“母亲”快乐地生活，是“我”的追求，而这也是母亲影响“我”的。这样就跳出了小我的藩篱，个人的情感得到了升华，境界变得阔大。最后的“能”到“一定能”，语气坚定，说明作者决心之大。

“安息”也是说辛苦劳作一生的母亲终于能够安静地休息了，这是对母亲的悼念。“安息”也是希望母亲放心，自己一定会使千千万万的劳动人民快乐地生活。这是纪念性文章常用的自然而又深情的结尾。

愿母亲在地下安息！

朱德的母亲在1944年去世，他在极为悲痛的情况下，写下了这篇朴素感人的文章。文章回忆了母亲勤劳的一生，叙述了母亲对自己的教育和影响，抒发了自己对母亲的深深怀念和无比崇敬的感情，赞颂了她勤劳俭朴、聪明能干、宽厚仁慈、坚忍顽强的优秀品质，表达了自己要用尽忠于民族与人民、尽忠于党来报答母亲深恩的决心。

作者写了母亲一生的经历，同时又兼顾了体现母亲崇高品德的几个方面，恰当而又自然地突出了这位革命母亲的特点。母亲是作者最熟悉的人，可写的材料一定很多。而慢慢读到结尾处，我们才发现，作者没有把《回忆我的母亲》写成一般性回忆母亲的文章，而是通过对母亲的回忆，表达对中国千百万劳动人民的赞颂之情。作者所选的素材都是日常小事，看似极为平凡，实则非常典型，直接表达了对母亲的爱和感激，真情尽显。

慈母形象的展现不仅在于“小家”中，更是在于国之大家中。母亲的慈爱不仅仅局限于母子间，更是扩大到家国，延伸到国之群体的生存，这慈爱中映射着崇高而又沉重的革命情怀。母亲既是一位普普通通的农村妇女，又是为我们的民族做出贡献的普通人民中的一员。在这篇简洁朴素的优秀散文里，作者讴歌了母亲平凡而又伟大的崇高品德，表明了他会继续革命、要为中国人民的解放事业鞠躬尽瘁的坚定志向。

列夫·托尔斯泰

真实而伟大的灵魂

作者◎茨威格

解读者◎刘冰洁

这篇文章与传统的人物传记有很大的不同，文中并没有任何典型事件，通篇都在对托尔斯泰进行肖像描写，那么在阅读时我们自然会生出疑问——作者通过这样的肖像描写想表达什么？带着这样的疑问，以作者富有特色的语言为抓手，通过文中丰富多彩的比喻，我们可以提炼出托尔斯泰的外貌特征——外貌丑陋但有一双无与伦比的眼睛。通过对托尔斯泰外貌特征的提炼，我们可以将这些特征组合起来，思考其中的关联性，进一步体会作者欲扬先抑的写法，体悟其对托尔斯泰的崇敬之情。

列夫·托尔斯泰

真实而伟大的灵魂

他生就一副多毛的脸庞，植被多于空地，浓密的胡髭使人难以看清他的内心世界。

当我们观察托尔斯泰的肖像时，第一眼总会被托尔斯泰浓密的须发所吸引。“植被多于空地”这种诙谐幽默的描写，让读者立刻联想到托尔斯泰脸上的须发之浓密，以至于遮盖住了大部分皮肤的画面。这些须发似乎也遮蔽了托尔斯泰的内在而“使人难以看清他的内心世界”，但是越是如此却越让人想去探寻他的内心世界。

长髯覆盖了两颊，遮住了嘴唇，遮住了皱似树皮的黝黑脸膛，一根根迎风飘动，颇有长者风度。宽约一指的眉毛像纠缠不清的树根，朝上倒竖。一绺绺灰白的鬈发像泡沫一样堆在额头

作者紧紧围绕着托尔斯泰最显著的外貌特征——多毛进行描写，不厌其烦地用笔墨展现这一点。首先，作者勾勒出托尔斯泰整体的面庞轮廓；其次，从“胡髭”到他两腮的“长髯”，再到“眉毛”，再写到额头上“一绺绺灰白的鬈发”，作者按此顺序进行描写；最后，重点突出他面部的大胡子。作者有条不紊地从整体到局部进行描写。

上。不管从哪个角度看，你都能见到热带森林般茂密的须发。像米开朗琪罗画的摩西一样，托尔斯泰给人留下的难忘形象，来源于他那犹如卷起的滔滔白浪的大胡子。

为了更好地刻画这些面部细节的特点，作者用了一系列生动形象的比喻的修辞手法，眉毛像“纠缠不清的树根”可见眉毛的杂乱并且纠缠在一起的情况，鬈发“像泡沫一样”表现出了鬈发虬结杂乱的样子，胡子“犹如卷起的滔滔白浪”表现出胡须的浓密卷曲。而在这些须发遮蔽下的则是充满褶皱的、黝黑的脸庞。从托尔斯泰面部的须发，我们已经可以初步感知，这张面庞并不精致，甚至是极为粗糙的。

人们无不试图用自己的想象除去他那盖着面孔的头发，修剪疯长的胡须，以他年轻时刮去胡须的肖像作为参照，希望用魔法变出一张光洁的脸——这是引向内心世界的路标。这样一来，我们不免开始畏缩起来。因为，无可否认的是，这个出身于名门望族的男

本段紧承上一段，上一段写到托尔斯泰脸上最显著的特征便是那浓密的须发，人们被这须发吸引了之后，自然不禁会好奇这位天才在浓密须发遮掩下究竟有着怎样的面庞。人们往往会以貌取人，认为外表即可反映人的内心，故而认为像托尔斯泰这样既出身高贵又有才华的文学泰斗必然样貌不凡，然而，事实却令人大失所望。这张被须发遮蔽的脸庞，并没有人们期待中的那样光洁，而是一张田野村夫的脸，如此粗糙。这样一张脸是极为出乎人们意料的，看到这张脸会让人畏缩起来。本段既通过对这张脸的生

动形容展示出这张脸的粗糙不堪，又通过人们的反映来凸显这张脸与托尔斯泰其人的不匹配。

子长相粗劣，生就一张田野村夫的脸孔。

通过这个比喻，我们可以充分感受到托尔斯泰这张面庞的粗陋，与想象中天才的灵魂应该拥有的外貌实在大相径庭。但是作者看似用了贬义的词语在描绘这张脸庞，却并不是对托尔斯泰的嘲讽。从“天才的灵魂自甘寓居低矮的陋屋”中的“自甘寓居”可见，作者对托尔斯泰充满崇敬之情。

天才的灵魂自甘寓居低矮的陋屋，而天才灵魂的工作间，比起吉尔吉斯人搭建的皮帐篷来好不了多少。

作者接着进一步渲染这张脸的粗陋，使用了多个生动而形象的比喻。上文中作者将这张脸比喻为低矮的陋屋，这似乎已经足以凸显这张脸的特征了。但是作者仍然认为低矮的陋屋还不足以表现出这张脸粗陋的程度，所以接下来还要强调这个陋屋是出自农村木匠之手，与古希腊那些巍峨精美的神庙有云泥之别，这只是为了栖居而粗制滥造的屋舍。作者把额头比作木柴，同样的还要强调这木柴是用刀胡乱劈成的。村舍外墙一般粗糙的皮肤，仿佛被人打了一拳的鼻子，难看的

小屋粗制滥造，出自一个农村木匠之手，而不是由古希腊的能工巧匠建造起来的。架在小窗上方的横梁——小眼睛上方的额头，倒像是用刀胡乱劈成的木柴。皮肤藏污纳垢，缺少光泽，就像用枝条扎成的村舍外墙那样粗糙，在四方脸中间，我们见到的是一只宽

宽的、两孔朝天的狮子鼻，仿佛被人一拳打塌了的样子。乱蓬蓬的头发，怎么也遮不住两只难看的招风耳。凹陷的脸颊中间生着两片厚厚的嘴唇。留给人的总印象是失调、崎岖、平庸，甚至粗鄙。

招风耳，厚嘴唇，托尔斯泰脸上的各个部分就是组成这个陋屋的各个部件，我们在拼凑出这个低矮陋屋的外观时，也仿佛能够随着作者的文字清晰地拼凑出一张毫无美感的脸孔。确实，这张脸孔就像作者总结的那样，“失调、崎岖、平庸，甚至粗鄙”。作者使用的喻体都是那么粗陋，而且还要用修饰词进一步渲染出这种粗陋，这些甚至带有贬义色彩的词句不断加深我们对托尔斯泰面庞的认知——这确实是一张丑陋的脸。

这副劳动者的忧郁面孔上笼罩着消沉的阴影，滞留着愚钝和压抑：在他脸上找不到一点儿奋发向上的灵气，找不到精神光彩，找不到陀思妥耶夫斯基眉宇之间那种像大理石穹顶一样缓缓隆起的非凡器宇。

这一段主要抓住了托尔斯泰的神色。连用三个“找不到”，强调了托尔斯泰脸上没有灵气，没有精神光彩，并与另一位伟大作家陀思妥耶夫斯基比较，说明托尔斯泰并没有那样的非凡器宇。托尔斯泰出身贵族，但是他的外貌却与普通劳动者一般，并没有显出任何的高贵，有的只有消沉、愚钝、压抑。托尔斯泰面部特征及其所透露出的神色，都指向一点：这张脸是丑陋的。

作者对这张面容的神色进行了总结——没有一点儿光彩。接着还从旁人的角度进一步推定——如果不承认就没有讲真话，并用“无疑”这样表示极为肯定的词语来强调自己对托尔斯泰神色毫无光彩的总结是极为准确的、无可否认的。传播智慧的庙堂与禁锢思想的囚牢形成了鲜明的对比，但是这句话隐含的意思却是托尔斯泰是传播智慧的，他的脸庞本该是传播智慧的庙堂，虽然在表面上作者主要在突出这张脸的丑陋，但是背后实则隐含着对托尔斯泰的赞美。

他的面容没有一点儿光彩可言。谁不承认这一点谁就没有讲真话。无疑，这张脸平淡无奇，障碍重重，没法弥补，不是传播智慧的庙堂，而是禁锢思想的囚牢；这张脸蒙昧阴沉，郁郁寡欢，丑陋可憎。

从青年时代起，托尔斯泰就深深意识到自己这副嘴脸是不讨人喜欢的。他说，他讨厌任何对他长相所抱有的幻想。“像我这么个生着宽鼻子、厚嘴唇、灰色小眼睛的人，难道还能找到幸福吗？”

作者进一步引用托尔斯泰自己的话，来显示出这张脸的粗陋。托尔斯泰对自己外表的丑陋有着深刻的认识。反问句的使用表现出托尔斯泰肯定有着这样丑陋的脸庞的自己是不可能找到属于自己的一份幸福的。事实也确实如此，托尔斯泰将自己的全部投入为自己热爱的人民谋求幸福之中。

正因为如此，他不久就任凭须发长得满脸都是，把自己的嘴唇隐藏在黑貂皮面具般的胡须里，直到年纪大了以后胡子才变成白色，因而显出几分慈祥可敬。直到生命的最后十年，他脸上笼罩的厚厚一层阴云才消除了；直到人生的晚秋，俊秀之光才使这块悲凉之地解冻。

只有到了晚年才“显出几分慈祥可敬”与“俊秀之光”。托尔斯泰到了晚年，世界观发生了转变，坚决地站到农民的立场上来，对自己出身的贵族阶层加以否定，此时托尔斯泰真正找到了自己人生的道路，所以脸上的阴云才渐渐消除。在对托尔斯泰的外貌描写中，作者不厌其烦地从托尔斯泰脸部最显著的特征——多毛开始写起，再写到面部特点，接着又写到其神色，运用大量的比喻修辞手法生动地将其外貌展现在读者面前，极力表现出这张面孔的粗陋，似是在贬损，实际上却是在为后半部分写托尔斯泰的“眼睛”层层铺垫蓄势。

永远流浪的天才灵魂，竟然在一个土头土脑的俄国人身上找到了简陋归宿，从这个人身上看不出有任何精神的东西，缺乏诗人、幻想者和创造

因为托尔斯泰普通甚至丑陋的外貌加之毫无灵气的神情，使得托尔斯泰显得如此平庸，以至于在托尔斯泰一生的各个阶段，他若混迹人堆，别人都无法将他找出。作者极尽所能地反复强调，诗人、幻想者、创造者的那些气质，托尔斯泰一概没有。尽管如此，作者还是称托尔斯泰的灵魂为“永远流浪的天才的灵魂”，可见虽然托尔斯泰的外表

者的气质。从少年到青壮年，甚至到老年，托尔斯泰一直都是长相平平，混在人群里找都找不出来。

丑陋，但是他却拥有最高贵的灵魂，作者虽然表面上不断在强调托尔斯泰的外貌与神情都是如此丑陋，但是在字里行间流露的却是对这位伟大作家的崇敬之情。

对他来说。穿这件大衣，还是那件大衣，戴这顶帽子，还是那顶帽子，都没什么不合适。一个人长着这么一张在俄罗斯随处可见的脸，既有可能在台上主持大臣会议，也有可能在酒肆同一帮酒徒鬼混，还有可能在市场上卖面包，带着这么一张脸，你不管从事什么职业，不管穿什么服饰，也不管在俄国什么

这里，作者通过将托尔斯泰与俄国普通大众做比较，强调托尔斯泰面容的平庸。长着这么一张脸的人，无论从事什么职业，高贵的或是平凡的都可以，不管穿戴什么服饰都合适，不管在任何地方都不会引人注目。因为这张脸完全没有任何特征，完全属于普通的俄国人，这张脸是极为平凡的。作者此处在强调托尔斯泰外貌平凡时，特意强调这张脸完全融入了普通俄国民众中，而托尔斯泰终其一生都与普通的俄国民众站在一起，这平凡的外貌恰是托尔斯泰人生轨迹的写照。

地方，都不会有一种鹤立鸡群、引人注目的可能。

托尔斯泰做学生的时候，可能属于同龄人的混合体；当军官的时候，没法把他从战友里面分辨出来；而恢复乡间生活以后，他的样子和往常出现在舞台上的乡绅角色再吻合不过了。

此处还原了托尔斯泰主要的人生经历，青年时期做学生与同龄人别无二致，成为军官与战友毫无区别，恢复乡间生活后也正是寻常不过的乡绅模样。托尔斯泰在人生的不同角色里，也正因为这平庸的外貌而并不显得与众不同，作者再次强调了这一点。

要是你看到一张他赶着马车外出的照片，还有个白胡子随从与他并排坐着，你也许要动脑筋想上好一阵，才能判断手握缰绳的是马车夫，坐在一旁的是伯爵。再看另一

为了让读者更形象地感受到托尔斯泰面容平庸的特点，作者让读者以两张照片作为假设。第一张是伯爵与马车夫的合影，第二张则是贵族与农民的合影。伯爵与马车夫，贵族与农民在身份上有着云泥之别，按照常理人们应该可以一眼分辨出来。可是“也许要动脑筋想上好一

阵”，作者想说的是：托尔斯泰明明是伯爵，但是与马车夫坐在一起时竟然让人无法一下子分辨出两者的身份；“假如你不明真相”，作者想说明的是：托尔斯泰与农民在一起时，看不出他是一个有钱财、有身份地位的人，他与这些极普通的平民别无二致。高贵的身份完全没有在托尔斯泰的面容上留下一丝痕迹。

张照片，是他在同一些农民交谈。你假如不明真相，根本就猜不出坐在老农中间的列夫是个有地位有钱财的人，他的门第和身份大大不同于格里高、伊凡、伊利亚、彼得等在场的所有人。

通过写托尔斯泰的生平经历，来佐证他确实与普通人别无二致。更有趣的是，托尔斯泰出身贵族，但是当他和普通人在一起时，竟然让人很难分辨究竟谁在身份上更高贵。凭借这样的外貌，托尔斯泰确实完完全全融入了普通人之中，甚至可以成为普通人的代表。

他的面相完全没有特征，完全属于普通的俄罗斯人,因此，我们得把他称为普通人，而且此刻会产生这么一种感觉，即天才没有任何特殊的长相，而是一般人的总体现。

作者之所以要反复强调托尔斯泰的脸的平庸，实则是为了突出托尔斯泰与全体俄国人同呼吸共命运。托尔斯泰被列宁誉为“俄国千百万农民在俄国资产阶级革命快到来时候的思想和情绪的表现者”，他始终站

所以说，托尔斯泰并没有自己独特的面相，他拥有一张

俄国普通大众的脸，因为他与全体俄国人民同呼吸共命运。

在人民的立场上，对俄国农民千百年来所受的苦难抱有深切同情，这正是托尔斯泰与全体俄国人同呼吸共命运的真正内涵。

因此，那些第一次见到他的人，一开始都无一例外地感到失望。他们有的坐火车旅行漫长的路程，有的从图拉驾车赶来，在客厅里正襟危坐地等待这位大师的接见。他们早就形成了对他的主观概念，希望从他身上找见威严非凡的东西，希望看到一个美髯公，集尊贵、轩昂、伟岸、天才于一身。

人们是如此崇敬托尔斯泰，所以他们愿意花费巨大的精力，用最尊敬的姿态等待他。因为人们只是读过这位天才的作品，而从未见过他，所以会把他想象成一位如同天父一般的“美髯公”。“威严非凡”“尊贵”“轩昂”“伟岸”“天才”这些词都表现出人们极度渴望从托尔斯泰身上看见一个外貌极度美好、异于常人的、近乎完美的大师。这确实也是人之常情，托尔斯泰的作品是如此伟大，能写出这样伟大作品的人样貌一定也是非同凡响的，但是事实却并非如此。因此，这些对托尔斯泰抱有极高期待的人，在见到托尔斯泰之后那些幻想全都被打破，极度失望。

在即将亲眼见到大活人之前，他们对

“文坛泰斗”这个称呼表明在人们心中托尔斯泰的地位之高，人们对他的外貌产生了美好甚至如神明一般的想象。在这样的想象与崇敬中，人们摆出谦卑而恭敬的姿态，自己所想象的这位文坛泰斗形象颔首低眉，敬重有加，内心的期望扩大到诚惶诚恐的地步。

人们的期望是极高的，甚至到了惶恐的程度。人们的极高期望与后文见到托尔斯泰外貌时的反差形成对比，使得人们产生了极度的失望情绪，更突出托尔斯泰丑陋的外貌并不符合人们的期待。

门终于开了，进来的却是一个矮小敦实的人，由于步子轻快，连胡子都跟着抖动不停。他刚进门，差不多就一路小跑而来，然后突然收住脚步，望着一位惊呆了的来客友好地微笑。他带着轻松愉快的口气，又迅速又随便地讲着表示欢迎的话语，同时主动向客人伸出手来。

千呼万唤始出来，人们并没有等到那个气宇轩昂的美髯公，人们首先看到的是个子矮小敦实的“小人物”。他的步伐也并不稳重，一路小跑前来，带动胡子一起抖动，脸上带着友好的微笑。要知道人们之前正颔首低眉、诚惶诚恐地等待托尔斯泰的到来，而见到这样的形象，这些来客惊呆了。不仅如此，托尔斯泰竟然还主动向客人伸手，欢迎的话语也是迅速而又随便的，这和人们想象中的形象相去甚远。

来访者一边与他握手，一边深感疑惑

在见到托尔斯泰之后，人们的表现与之前截然不同。作者通过一个感叹句和两个疑问句表达出人们在见到托尔斯泰之后的惊讶。“不无尴尬”和“直勾勾”也表现出在和惊讶。什么?就这么个侏儒!这么个小巧玲珑的家伙,难道真的是列夫·尼克拉耶维奇·托尔斯泰吗?这位客人不无尴尬地抬起眼皮直勾勾地打量着主人的脸。

见到托尔斯泰之后人们的难以置信,以至于到了尴尬的程度。人们想象中的高大威武却变成了“小巧玲珑的家伙”,甚至用了“侏儒”这样不尊敬的称谓。这样多重的前后对比,更突出了托尔斯泰实际的样子与人们心目中的样子反差巨大,令人一时难以接受。

突然,客人惊奇地屏住了呼吸,只见面前的小个子那对浓似灌木丛的眉毛下面,一对灰色的眼睛射出一道黑豹似的目光,虽然每个见过托尔斯泰的人都谈过这种犀利目光,但再好的图片都没法加以反映。这道目光就像一把锃亮的钢刀刺了过来,又稳又准,击

从此处开始,作者着重描写托尔斯泰的眼睛。作者首先抓住托尔斯泰目光“犀利”的特点。“黑豹”“钢刀”“枪弹”“金刚刀”,这些喻体既有共同点,又有个性,无比生动地将其眼神中的犀利层层揭示出来。首先,“黑豹”让人联想到这种凶猛野兽捕猎时紧盯猎物的那种迅疾敏锐,着重表现这种目光的敏锐,揭示托尔斯泰看待世间万物敏锐而深邃的洞察力。“射”,是一个兼具速度与力量的动词,极富表现力。“钢刀”这个喻体,表现出了托尔斯泰的目光除了迅疾敏锐之外,还如同刀一般锋利。“刺”表现出这把钢刀可以穿透虚伪的表象,直切要害。“枪弹”在敏锐与锋利之外显得更快、更有杀伤力。此外,托尔斯泰的目光还有如“金刚刀”一般无比坚硬的特点,能够破开一

切阻挡。“穿透”“切开”这些动词也极为形象地表现出了这种犀利目光的强大。作者通过不同喻体的选择，展现出了托尔斯泰目光犀利的特点，这种犀利是敏锐、有力量、能够洞察一切的，因此在这种目光审视之下没有人可以遮掩，如此描写引发了人们丰富的联想。作者还提到了屠格涅夫和高尔基这样的文豪，凸显这种犀利目光的无可置疑。托尔斯泰的作品针砭时弊，大力揭露社会黑暗和腐朽，让一切黑暗无所遁形，“撕下了一切假面具”，他的作品就犹如他的那双眼睛一般犀利，如黑豹，如钢刀，像枪弹与金钢刀，审视一切，刺破一切。所以作者此处首先写的便是托尔斯泰目光的犀利。

中要害。令你无法动弹，无法躲避。仿佛被催眠术控制住了，你只好乖乖地忍受这种目光的探寻，任何掩饰都抵挡不住。它像枪弹穿透了伪装的甲胄，它像金刚刀切开了玻璃。在这种入木三分的审视之下，谁都没法遮遮掩掩。——对此，屠格涅夫和高尔基等上百个人都做过无可置疑的描述。

在犀利的审视之后，转瞬间，托尔斯泰的目光发生了变化，变得那么富有感情。“星光”具有光芒却不刺眼，在夜幕中闪耀，给人心灵带来温暖与指引。这双眼睛中又会流出热泪，显示出忧郁，不一会儿又闪闪发光，转而又神秘莫测起

这种穿透心灵的审视仅仅持续了一秒钟，接着便刀剑入鞘，代之以柔和的目光与和蔼的笑容。虽然嘴角紧闭，没有变化，但

那对眼睛却能满含粲然笑意，犹如神奇的星光。而在优美动人的音乐影响下，它们可以像村妇那样热泪涟涟。精神上感到满足自在时，它们可以闪闪发光，转眼又因忧郁而黯然失色，罩上阴云，顿生凄凉，显得麻木不仁，神秘莫测。它们可以变得冷酷锐利，可以像手术刀、像X射线那样揭开隐藏的秘密，不一会儿意趣盎然地涌出好奇的神色。

来。“手术刀”“X射线”表现出这种目光的穿透力，可以直击人心，而这种目光一会儿就又变得兴趣盎然。作者用比喻的铺排，又用了“仅仅持续了一秒钟”“转眼”“不一会儿”这些词表现出其情感的丰富与变化的迅速。而这种目光变化背后，展现的正是托尔斯泰丰富的内心世界。在他的内心世界中，有普通人一样的喜怒哀乐，而“黯然失色”“罩上阴云”“顿生凄凉”“麻木不仁”“神秘莫测”这些词语连用，逐层递进，也展现出托尔斯泰内心的复杂与神秘。他审视世间的罪恶，又对普通的人民充满同情，厌恶剥削，也反对暴力，这是一颗有着悲悯情怀的伟人之心，也是一颗不断思索的哲思之心。

这是出现在人类面部最富感情的一对眼睛，可以抒发各种各样的感情。高

此处引用了高尔基的话。同样作为伟大作家的高尔基是如此精准地描述出了托尔斯泰眼睛的特点。高尔基的这句话运用了夸张的修辞手法，很好地表现出了托尔斯泰眼睛的敏锐性和丰富性。一百只眼珠从数量上就给人带来震撼的效果，

尔基对它们恰如其分的描述，说出了我们的心里话："托尔斯泰这对眼睛里有一百只眼珠。"

一百只眼珠能将一切敏锐尽收眼底，又有着无比丰富的情感，展现出托尔斯泰无比丰富的内心世界。

亏得有这么一对眼睛，托尔斯泰的脸上于是透出一股才气来。此人所具有的天赋统统集中在他的眼睛里，就像俊美的陀思妥耶夫斯基的丰富思想都集中在他的眉峰之间一样。托尔斯泰面部的其他部件——胡子、眉毛、头发，都不过是用以包装、保护这对闪光的珠宝的甲壳而已，这对珠宝有魔力，有磁性，可以把人世间的物质

前文极力在渲染托尔斯泰面容的丑陋，实则正是为了突出这双眼睛的非凡。这里，作者将托尔斯泰的眼睛比作珠宝，而先前所写的托尔斯泰丑陋的其他面部"部件"全都是为了包装、保护这对珠宝的。丑陋的面容完全无法遮盖这对珠宝的光彩，以此更突出托尔斯泰这对眼睛的无与伦比。这对珠宝的特点是富有"魔力"和"磁性"，有神奇的力量。"可以把人世间的物质吸进去"指的是这双眼睛可以洞悉世间的一切，有极为敏锐的洞察力。"向我们这个时代放射出精确无误的频波"则表现出托尔斯泰对世间的洞察是如此精准而犀利，这些洞察最后化作了他伟大的作品，揭示出世间的真相。这双眼睛可以直接关照人们的心灵，让人想一探究竟，对这双眼睛的魔力有更深的认识。

吸进去，然后向我们这个时代放射出精确无误的频波。

这对眼睛的魔力首先表现在它们犹如猎鹰般敏锐。猎鹰在捕猎时，处在万丈高空中，但是对于猎物的任何微小细节都不会放过，这象征着托尔斯泰的眼睛在审视这个物质世界时，也如同在万丈高空将一切尽收眼底，并且有着超过常人的敏锐，一切在他的眼睛审视下都无处遁形。而在抓住细节时，他的眼睛又超越了物理限制，能够将广袤无垠的宇宙收入眼底。“同样”表明细节与广度都具备，这着实是有魔力的一双眼睛。

再小的事物，借助这对眼睛都能看得清清楚楚，像一只猎鹰从高空朝一只胆怯的耗子俯冲下来，这对眼睛不会放过微不足道的细节，同样也能全面揭示广袤无垠的宇宙。

“精神世界”“灵魂深处”“注视上帝”“一切虚无”，这些词语都表明这双眼睛的功能远远超过了眼睛作为人体器官的一般功能，普通的眼睛只能忠实地反映出外界的画面，而这双眼睛还拥有着近乎神奇的力量。托尔斯泰的双眼看到的不仅是世界的表象，更是在洞察世间的罪恶，勇敢地直视虚无，同时也注视着上帝。从这双眼睛中折射出的，正是托尔斯泰浩瀚深沉的精

它们可以照耀在精神世界的最高处，同样也可以成功地把探照灯光射进最阴暗的灵魂深处。这一对烁烁发光的晶体具有足够的热量和纯度，能够忘我地注视上帝；有足够的勇气注视摧

毁一切的虚无，这种虚无犹如蛇发女怪那样，看到她的人就会变成石头。

神世界，他通过这双眼睛凝视世界，投射出伟大的心灵之光。作者毫不吝啬赞美之词，深深为这双眼睛所折服。

在这对眼睛看来，没有办不到的事情，除非让它们陷入无所事事的白日梦中，在优雅而快活的梦境里默默无声地享乐。

“除非”指出，这双眼睛停止审视的唯一条件便是让它们陷入无所事事的白日梦中，在优雅而快活的梦境里默默无声地享乐。但是对于托尔斯泰而言，这样的唯一条件并不存在。

眼皮刚一睁开，这对眼睛就必然毫不含糊，清醒而又无情地追寻起猎物来。它们容不得幻影，要把每一片虚假的伪装扯掉，把浅薄的信条撕烂。每件事物都逃不过这一对眼睛，都要露出赤裸裸的真相来。

“一……就”表明托尔斯泰始终高强度地坚持用这样的目光审视着这个世界，他要撕破一切伪装，看清一切真相，绝不停歇，而且毫不含糊，绝对不会让任何真相逃脱。托尔斯泰这对有着神奇魔力与磁性的眼睛无时无刻不在看，他是在观察，是在思考，对这个物质世界，对上帝，对虚无，他是如此敏锐地审视着，所以作者在后文会称这双眼睛能够“任意支配整个世界及其知识财富”。

当这一副寒光四射的匕首转而对准它们的主人时是十分可怕的，因为锋刃无情，直戳要害，正好刺中了他的心窝。

此处，作者将托尔斯泰的眼睛比作了匕首，而这把匕首有时也会对准“它们的主人”。托尔斯泰的眼睛审视外界，但是同样也在审视自己，犹如揭露真相那般冷酷无情，他剖析自己时也是那样冷酷，一针见血。托尔斯泰晚年放弃财产与自己的贵族身份，与家人产生矛盾，离开家，最终客死途中，也正是因为他始终在剖析自己，因而拥有这样眼睛的人，确实会缺少属于自己的那一份幸福。

具有这种犀利眼光，能够看清真相的人，可以任意支配整个世界及其知识财富。作为一个始终具有善于观察并能看透事物本质的眼光的人，他肯定缺少一样东西，那就是属于自己的那一份幸福。

托尔斯泰看透了暴政、丑恶、虚伪和苦难，也看清了造成人间种种罪恶的原因，他也想用自己的努力去改变，但是黑暗的现实却非一人的努力可以与之抗衡。一个既能看清世界的真相，又有着悲悯情怀的人必然是痛苦的。加之上文所说，托尔斯泰不仅审视世界还剖析自己，所以晚年的托尔斯泰并没有拥有幸福。

茨威格为托尔斯泰所作的传与我们通常读到的人物传记不尽相同，并没有展现人物生平经历，而是紧紧抓住了托尔斯泰的肖像，尤其是托尔斯泰非同凡响的眼睛进行描写，由这双眼睛反映出托尔斯泰的精神世界。文章整体而言采用了欲扬先抑的写法，先极力描写托尔斯泰外貌的平庸丑陋，看似运用了带有贬义的语言，让人不禁疑惑作者是否是在丑化托翁，但是细读却可以发现，作者正是在为后文对托尔斯泰眼睛的描写蓄势，突出那双眼睛是多么的令人震撼。面对这样丑陋的样貌，人们不禁会产生疑惑：这样的样貌是如何承载一个天才的灵魂的？而这样的疑问则会在文章后半部分的“扬”中迎刃而解。在充足的蓄势中，推出托尔斯泰无与伦比的眼睛，在文章内部形成了一股张力，增强了文章的震撼力。在对托尔斯泰的外貌进行描写时，作者还运用了大量生动的比喻以及具有气势的排比，极为生动地展现出托尔斯泰外貌的特点，在“形”的描绘上如实刻画，体现了人物传记真实性的特点。而在对托尔斯泰眼睛的描写中所使用的喻体则更注重表现托尔斯泰眼睛之“神”，让读者深深感受到这双眼睛的犀利与魔力，感受到托尔斯泰深刻而丰富的精神世界，引发了读者的想象。

作者表面上是在写托尔斯泰的肖像，实则通过对托尔斯泰肖像的描写，将一个真实而伟大的灵魂展现在读者的面前，我们仿佛可以看到那双富有魔力的眼睛穿越时间，照进我们的灵魂深处。在前后冲突的描写之中，作者也展现出了自己对托尔斯泰认识的变化，对托尔斯泰精神的认识也更为深入，在文字中寄寓了自己对这样一个伟大灵魂的由衷赞扬。作者不仅折服于托尔斯泰的才华，更被他既能洞悉一切，又保有悲悯仁爱的情怀而深深触动。

背影·朴素真挚的慰藉

作者◎朱自清

解读者◎姜小娜

《背影》是写人记事散文中的精品，语言朴素却极有力量，读来不觉眼泪就会扑簌簌地掉下来。如此动人的文章当然有朱自清先生在叙事上的精心安排，更重要的是他深刻的反思和追悔。感人的背后不只有技巧，更有作者本人的真情实感。在细读《背影》时，我们除了要注意那些细节的描写，还要关注叙事过程中表达方式的转换，这些都有助于我们更深层次地理解“背影”所蕴含的深情。

背影

朴素真挚的慰藉

我与父亲不相见已二年余了，我最不能忘记的是他的背影。

“不相见”含有主动性，背后的原因一定不简单。通读全文，从最后一段中我们隐隐可以推断出父子二人曾有过很深的隔阂。“最”字强调了写“背影”的原因，也引起了读者的好奇心。文章虽写的是父亲的背影，然而，是要借此表达“我”的情感，万不可陷入“父亲”一端不可自拔。

那年冬天，祖母死了，父亲的差使也交卸了，正是祸不单行的日子。

这是故事发生的背景。对父亲来说，母亡、失业，的确是“祸不单行”。当时，父亲是家中的经济支柱，差事交卸意味着家道中落，支撑家庭的负担沉重。

我从北京到徐州，打算跟着父亲奔丧回家。到徐州见着父亲，看见满院狼藉的东西，又想起祖母，不禁簌簌地流下眼泪。

借“我”之眼所见渲染这悲伤、狼藉的氛围，可想而知，父亲的处境是多么悲凉。

父亲说:“事已如此,不必难过,好在天无绝人之路!”

这里乍一读也没什么,是父亲给“我”的安慰而已。再读你会发现,真正需要安慰的应该是父亲才对,人到中年的父亲需要吞咽、强忍多大的苦楚,才能说出这样安慰的话语来,实是对儿子的怜惜之情所致。

回家变卖典质,父亲还了亏空;又借钱办了丧事。

此句仍是交代家庭背景。此时,家庭经济拮据到要靠典当度日,就连丧事也要靠借钱才能办完,可想而知,身为一家之主的父亲心理压力有多大。父亲的困顿、凄凉非他人可以体会,而“我”虽难过,但相较之下,与父亲心中的沉重差之千里。

这些日子,家中光景很是惨淡,一半为了丧事,一半为了父亲赋闲。丧事完毕,父亲要到南京谋事,我也要回北京念书,我们便同行。

“惨淡”非常贴切。作者花费两个段落交代家庭背景,且与“背影”并无直接关系,大家笔下无闲笔,其中深意应细细思量。或许,“当时的我”没有更深的体会,焉知不是“现在的我”怀着一种别样的心情回忆,其中深意须与后文勾连。

到南京时,有朋友约去游逛,勾留了一日;第二日

“已说定”表示一种确切,加上“本”字就知道一定会有波折。“再三”解释了这场波折,体现出

父亲不放心的程度之深，“甚”更加深了这种程度。尽管如此，父亲还是反悔了，“但”呼应了“本”字，“终于”为这场纠结画上了句号。作者反复述说，不外乎想表现出父亲对儿子的关切之情的深刻。我们可能会认为，这也无可厚非啊！作者再次强调，其反常在于“我”已成年，且不是首次出行，轻车熟路，应该无须担心了，然而父亲这里表现得更像母亲，对儿子的舐犊情深柔软至极。而从“我”的角度来看，确切地说，对于“当时的我”来说，并无必要，也显得多余和啰唆。

上午便须渡江到浦口，下午上车北去。父亲因为事忙，本已说定不送我，叫旅馆里一个熟识的茶房陪我同去。他再三嘱咐茶房，甚是仔细。但他终于不放心，怕茶房不妥帖；颇踌躇了一会。其实我那年已二十岁，北京已来往过两三次，是没有什么要紧的了。

重复的叙述，却不是简单地重复，而是强调父亲担忧、关切儿子的深情。

他踌躇了一会，终于决定还是自己送我去。

“只”表现出父亲想定之后的坚决与轻松，这正与前文的犹豫与踌躇形成强烈的对比，虽用叙述的表达方式，但一个关心儿子的父亲的形象仍然光辉鲜明。

我再三劝他不必去；他只说：“不要紧，他们去不好！”

我们过了江，进了车站。我买票，他忙着照看行李。行李太多了，得向脚夫行些小费才可过去。他便又忙着和他们讲价钱。

很朴素的语言，这两句话中连用“忙着……又忙着……”，细细读来，这是“现在的我”回忆当时场景时的第一感受。“照看行李”是一个相对静止的画面，而作者却用“忙着”来修饰，这写出的是父亲的一种状态，一种心态。回忆中，父亲的身形的确是忙碌的，可又并不那么真切，因而作者继续选择叙述的表达方式快速推进。

我那时真是聪明过分，总觉他说话不大漂亮，非自己插嘴不可，但他终于讲定了价钱；就送我上车。

在回忆中，“现在的我”跳出来，进行了一段极为真切的忏悔式的心里告白，那时“聪明”的“我”看不起父亲的所作所为。显然，“现在的我”并不觉得当时自己真的聪明，“真是”“过分”以反语的形式表达了一种极其强烈的讽刺，这是一种情不自禁。对于“我”的想法，父亲并不自知，这从“但”和“终于”中暗示出来，“终于”也呼应了前文的“忙着”。

他给我拣定了靠车门的一张椅子；我将他给我做的紫毛大衣铺好座位。他嘱我路上小心，夜里要警醒些，不要受凉。又嘱托茶房好好照应我。

作者在此处仍然用叙述的表达方式快速推进，越是如此，我们似乎越能感受到父亲的担心、细致，也越能感受到“当时的我”的不耐烦、不在意。如果再带着“现在的我”的视角，又能读出那种马上呼之欲出的愧悔之情来。

我心里暗笑他的迂；他们只认得钱，托他们只是白托！而且我这样大年纪的人，难道还不能料理自己么？

这是“当时的我”对父亲行为的看法，与前文步调一致。按照作者的语势发展，“现在的我”，那个情感已然发生变化的“我”马上又要情不自禁地跳出来了。

唉，我现在想想，那时真是太聪明了！

此句用了反讽的语气，体现出作者深刻的自责。感叹号无疑加重了自责、愧悔的程度。联系上文，这段文字中的两次情不自禁，正是作者对父亲的忏悔，希望得到父亲的原谅。

我说道：“爸爸，你走吧。”

这句话简短且有力。声音是颤抖的，因为作者的情绪已经渲染到一定程度。结合前文的惨淡的家庭背景的介绍，以及父亲对“我”细心关切的铺垫，我们能感知那深深感人的“背影”即将出现。

他往车外看了看说：“我买几个橘子去。你就在此地，不要走动。”

此句是中国父亲式语言，命令式，不容置疑，固执、霸道但饱含深情。

我看那边月台的栅栏外有几个卖东西的等着顾客。走到那边月台，须穿过

买橘子对于一般人来说本不是难事，但对于父亲来说却不易。原因有二：一是路途艰难，月台高出路面许多，穿过不平的铁路，还必须跳下去，再爬上来；二是父亲人到中年，体格肥胖，穿过去并不容易。想来父亲也是知道这些的，可他仍

铁道，须跳下去又爬上去。父亲是一个胖子，走过去自然要费事些。我本来要去的，他不肯，只好让他去。

然坚定地毫不犹豫地做了。对于父亲来说，亲力亲为才更加放心。儿子的心还是那样不以为然吗？想来不是。这里没写“背影”，可是在这个过程中，“我”的心也在逐渐被软化，父亲一切的不合常理“我”都看在眼里，即使是心石如铁也会有所感触吧。

我看见他戴着黑布小帽，穿着黑布大马褂，深青布棉袍，蹒跚地走到铁道边，慢慢探身下去，尚不大难。可是他穿过铁道，要爬上那边月台，就不容易了。他用两手攀着上面，两脚再向上缩；他肥胖的身子向左微倾，显出努力的样子，这时我看见他的背影，我的泪很快地流下来了。

这段文字历来为人称诵。细致的描写像是电影里的特写镜头。首先描述了父亲的外貌，这当然紧扣着家境的惨淡，亦可见父亲悲凉的心境。这与前文父亲给“我”做的“紫毛大衣”形成鲜明的对比。在家境如此拮据的境况下，父亲给“我”的都是最好的。其次是详细的动作描写。“探”字写出他的小心翼翼。“攀”“缩”“倾”一系列的动词勾勒出父亲穿越铁路的画面，一个个细节展现了穿越过程的艰难。这段白描文字，客观又深情地表现出父亲的舔犊之情。这里“我”的情感发生了变化。如果说前面父亲细致的关怀只是让“我”隐隐地感觉到了父爱，那么这个买橘子爬月台的“背影”真正触发了我的情感。联系惨淡的家境，“我”的眼中还会出现一个虚的背影，一个在风雨飘摇的岁月中苦苦支撑着家庭的父亲的背影。当这两个背影逐渐重叠，“我”的泪水中除了感动，或许还有一份辛酸与心疼。

我赶紧拭干了泪。怕他看见，也怕别人看见。

在中国传统文化背景下，男性被视为阳刚的代表，而一个成年男人流泪会被视为软弱的表现，会被旁人耻笑没出息，可能也会被父亲责骂，这是“赶紧拭干”的原因，然而真情的流露是无法抑制的。这一笔细微的交代，真实再现了人物的情感发泄方式，也进一步强化了情感主旨。

我再向外看时，他已抱了朱红的橘子往回走了。过铁道时，他先将橘子散放在地上，自己慢慢爬下，再抱起橘子走。到这边时，我赶紧去搀他。

眼泪是不自觉的，搀扶也是不自觉的，这是情感转变后的自然表现。

他和我走到车上，将橘子一股脑儿放在我的皮大衣上。于是扑扑衣上的泥土，心里很轻松似的。

“一股脑儿”很形象，一种完成重大任务的轻松状态跃然纸上，可知，父亲将买橘子视作关怀儿子的责任，只有完成这一行为，才算是对儿子尽到了应有的责任，这也暗示了父亲终于放心了的心情。这里的“我”却是无话的，沉默的，而内心的情感在不断堆积，亟待爆发。

过一会说：“我走了，到那边来信！”我望着他走出去。

读到此处，可知父亲并未真正放下心来，父亲叮嘱作者到北京之后来信，似乎最终听到作者平安到达的消息，才能让他真正放心。他走出车厢，却又回过头来，这回头饱含着对儿子他走了几步，回过头看见我，说：“进去吧，里边没人。”

的不放心和不舍。父亲临走仍关心着车厢里的行李，怕没人不安全，细枝末节上都要为儿子担心着。

等他的背影混入来来往往的人里，再找不着了，我便进来坐下，我的眼泪又来了。

作者站在车门口，注视父亲的背影，直到再也看不见才进去坐下。此刻，作者心里怅然若失。坐下之后，作者回想起家道中落，父亲苦苦支撑家庭的不易，回想起他对自己的种种关心，以及他爬月台时艰难的背影，终于懂得了父亲的心境和对自己的深情。此刻，作者心中百感交集，眼泪中既有感动、辛酸，更充满了愧疚和不舍。

近几年来，父亲和我都是东奔西走，家中光景是一日不如一日。

家境每况愈下。这里表述为“父亲和我”，如今“我”也人到中年，也与父亲有了相似的境遇，切身感受到父亲当初的困顿与艰辛，努力和挣扎。“当时的我”即使再心疼父亲，也无法真正全部地感受和理解父亲的心境。而“现在的我”活过了这些年，经历了类似的处境后，才有了更深的体悟。

他少年出外谋生，独立支持，做了许多大事。哪知老境却如此颓唐！他触目伤怀，自然情不

这体悟是发自内心的理解，于是作者感同身受般解读父亲曾经的所作所为，隔着时空与父亲对话：“我”知道你的悲凉不止于家境的困顿、亲人的离世所带来的打击，还有少年时的意气风发变为如今的老境颓唐！这种失落带来的负面情

绪难以疏解，“自然情不能自已”，“自然要发之于外”。这是作者站在父亲的角度进行换位思考的真情表达。彼时的“我”其实是不大懂得这些的，只是觉着那些无法理解的行为不能原谅，而如今的“我”已经能体悟。两个“自然”也暗示了作者对父亲的理解与体谅。

能自已。情郁于中，自然要发之于外；家庭琐屑便往往触他之怒。

父亲因为老境颓唐，情绪变得很糟糕，对“我”也不同往日。“我”的不好是什么？作者并没有说。这里呼应第一段，暗示出“我”与父亲关系失和，“不相见已二年余”。

他待我渐渐不同往日。但最近两年的不见，他终于忘却我的不好，只是惦记着我，惦记着我的儿子。

既然“唯膀子疼痛厉害”，为何又说“大约大去之期不远矣”呢？这大约是中国式父亲的执拗与智慧，曾经与儿子的那些不愉快已经忘却了，但是又如何能够放下父亲的尊严与儿子握手言和呢？但父亲惦记着儿子，期待着和解，主动写信，于是才有了这样矛盾的表述。此句流露出父亲老境的悲凉。父亲透露去日不多，暗示想与儿孙见上一面的意愿，反映出父亲内心复杂的情感。两年不愿相见的父子二人，父亲主动写信，并提及了去世，这怎能不让作者羞愧、伤怀、悲叹呢！

我北来后，他写了一信给我，信中说道：“我身体平安，唯膀子疼痛厉害，举箸提笔，诸多不便，大约大去之期不远矣。”

我读到此处，在晶莹的泪光中，又看见那肥胖的、青布棉袍黑布马褂的背影。

这封信是促使作者对父亲的认识发生转变的重要契机，作者由此联想到了往事，也是自己的认识发生转变的契机。此处的背影是脑海中回忆的画面，是虚景。第三次流泪，这泪水中蕴含的情感是极为复杂的。作者回想起当年父亲的背影，以及自己对父亲种种关心的漠视，自然也回忆起面对这个背影时心中的感动、辛酸和愧疚。此处泪水中的愧疚，也不仅是对当初嘲笑父亲的愧疚了，更是两年不见的愧、未曾理解的悔和担心不能尽孝的恨。

唉！我不知何时再能与他相见！

此处是一种呼唤和期待，写出作者希望能和父亲再见一面的愿望。

《背影》是一篇写人记事的散文，文中作者回忆了父亲给自己送行的事，事件中的人物关系是父子关系。文章中有两个“我”，一个是“现在的我”，一个是“当时的我”。这两个“我”在文中不断交错，深刻表达了作者的情感态度。

我们在阅读《背影》时，往往忽略作者本身，而只看到父亲的慈爱和对儿子无微不至的关怀。当然，这也是作者想让我们看到的。但是我们不能忽略，这样的父亲，是作者眼中的父亲，准确地说，是“现在的我”眼中的父亲。这样看来，作者的情感必然是丰富且复杂的，不能一概而论。那么，故事中，“当时的我”的情感发生变化了吗？显而易见，是有的。这里有两次“流泪”。第一次流泪是作者看见父亲为自己爬月台、买橘子时，结合二、三段家境惨淡的介绍以及四、五段父亲的犹豫、不放心而亲自送行的经过，作者的泪水中有对父爱的感动，也有对父亲的心疼和愧疚；待到第二次“流泪”，作者的泪水中包含着有感于父亲的艰辛不易而生发的辛酸，还有离别的不舍。两次“流泪”表现出“当时的我”的情感变化。除了第二至五段的表达方式与第六段不同能够表现出来，“现在的我”也时不时地跳出来反讽自己曾经的无知和幼稚。

最后一段文字本无必要，主体事件中的背影已经足够深刻形象，然而作者意不在此，而是“现在的我”并不回避现实父子之间存在矛盾的一种真情流露。因而读了父亲的来信，“现在的我”流泪了，触发自己回忆“背影”事件，感念父亲的好，真正理解并体谅自己的父亲，这泪水中的愧悔又更深一层。

全文四次写到“背影”，虚实相间，如一条线索一般贯穿全文，点题、析题、深化、呼应，丰富地表现出父亲的爱子心切和儿子的愧悔之情。我们要读懂“背影”背后蕴含的深情，明白这篇文章实际上是一份父子和解书，也是作者对自己再认识的一份自查书。1928 年 10

月，朱自清先生将《背影》与另外十四篇散文结集出版时，就以“背影”命名，由此可见，此文在作者心中的分量。并且，朱自清还特意请出版单位给扬州老家寄赠散文集，向父亲传达和解的信息。据朱自清三弟朱国华回忆，当父亲拿到书时，虽然已行动不便，但还是挪到窗前，依靠在小椅上，戴上老花眼镜，一字一句诵读着儿子的文章：“只见他的手不住地颤抖，昏黄的眼珠，好像猛然放射出光彩。”正是《背影》这样一篇朴素真挚的小文，让儿子表达了心中的忏悔和宽宥，让父亲获得心灵的慰藉，让一度抵牾的父子终于前嫌尽释、重归于好。

图书在版编目（CIP）数据

名篇悦读：激活语文学习力. 怀人篇 / 吴钟铭主编.
—北京：现代教育出版社，2023.8
ISBN 978-7-5106-9244-4

Ⅰ.①名… Ⅱ.①吴… Ⅲ.①阅读课－初中－教学参考资料 Ⅳ.①G634.333

中国国家版本馆CIP数据核字（2023）第123197号

名篇悦读·激活语文学习力　怀人篇

主　　编　吴钟铭
出 品 人　陈　琦
选题策划　王春霞
责任编辑　王春霞
装帧设计　赵歆宇　蔡蓓蓓
出版发行　现代教育出版社
地　　址　北京市东城区鼓楼外大街26号荣宝大厦三层
邮　　编　100120
电　　话　（010）64251036（编辑部）
　　　　　（010）64256130（发行部）
印　　刷　三河市祥达印刷包装有限公司
开　　本　710 mm × 1000 mm　1/32
印　　张　8
字　　数　180千字
版　　次　2023年8月第1版
印　　次　2023年8月第1次印刷
书　　号　ISBN 978-7-5106-9244-4
定　　价　36.00元